KLEINE AUSZEITEN
IM

-SALZBURGER LAND MIT SALZKAMMERGUT-

KLEINE AUSZEITEN IM

-SALZBURGER LAND MIT SALZKAMMERGUT-

THOMAS CERNAK

WOCHENEND & WOHNMOBIL

CAMPING- & STELLPLÄTZE · HIGHLIGHTS · AKTIVITÄTEN

BRUCKMANN

INHALT

Obertauern auf rund 1700 Metern Höhe

KURZURLAUB IM SALZBURGER LAND

Klein, aber fein

Die Regenwolken über dem Pongau verziehen sich rasch wieder.

Das sechstgrößte österreichische Bundesland wartet mit einigen Superlativen auf. Etwa 60 Prozent seiner Fläche liegen im Hochgebirge auf über 1200 Meter Meereshöhe. Die Feriengäste können sich in der urtümlichen Bergwelt nach Herzenslust austoben. Nicht nur während des Almsommers, sondern auch im Winter haben viele Campingplätze und der ein oder andere Stellplatz geöffnet.

Das Salzburger Land besticht durch seine ungeheure landschaftliche Vielfalt. Sein Gebiet erstreckt sich vom sanft hügeligen Bauernland der Seen im Norden bis zu den majestätischen Bergen der Hohen Tauern im Süden. Im Westen markieren die Kitzbüheler Alpen den Übergang nach Tirol. Historisch betrachtet beginnt östlich des Fuschlsees mit Irrsee und Mondsee sowie dem Nordostteil des Wolfgangsees das Salzkammergut, das schon zu Oberösterreich gehört. Heute steht der Begriff Salzkammergut für eine Region, die sich von der östlichen Stadtgrenze Salzburgs über den Traunsee im Nordosten bis zum Dachstein im Süden erstreckt. Sie ist ebenfalls Thema dieses Buches.
Zwar ist das Angebot an klassischen Wohnmobilstellplätzen im Salzburger Land und Salzkammergut weitaus geringer als zum Beispiel im benachbarten Bayern, aber auf den meist kleinen, familiär geführten Campingplätzen fühlt man sich ebenfalls sehr gut aufgehoben. Allerdings dürfte es insbesondere rund um die Badeseen schwierig sein, für ein Wochenende im Hochsommer spontan einen freien Stellplatz zu bekommen. Im Salzachtal stehen die Chancen dafür besser – zumindest am frühen Nachmittag. Denn hier sind, bedingt durch die Nähe zur Tauernautobahn, viele Gäste lediglich auf der Durchreise. Spezielle Stellflächen für Wohnmobile sind in Österreich deshalb so rar, weil die gesetzlichen Vorgaben sehr streng sind: Bereits ab einer Größe von neun Stellplätzen sind sanitäre Einrichtungen vorgeschrieben. In Österreich besteht auf allen Autobahnen und Schnellstraßen Mautpflicht (asfinag.at/maut-vignette).
Großes Vergnügen bereitet das Baden und Schwimmen in den klaren und sauberen Fluten der zahlreichen Seen im Salzkammergut. Die Campingplätze verfügen meist über eigene Strände mit Liegewiesen oder sind direkt an ein öffentliches Strandbad angeschlossen, des Weiteren stehen vielerorts kostenlos zugängliche Naturstrände bereit. Petrijünger

können in vielen Seen etwa Seeforelle, Seesaibling oder Hecht angeln. Ein beliebtes Revier bei Fliegenfischern ist die Traun bei Gmunden. Für das Fischen sind sowohl eine privatrechtliche Lizenz als auch eine amtliche Fischerkarte notwendig (fischereiverband.at).

ZU WASSER UND ZU LAND

An rund einem Dutzend Seen im Salzburger Land und allen großen im Salzkammergut können Segler und Surfer ihrer Leidenschaft frönen. Dank des verlässlich am Nachmittag wehenden Rosenwinds ist der Attersee als Segelparadies und Austragungsort bedeutender Regatten bekannt. Ein sportliches Großereignis am Traunsee ist die »Internationale Traunseewoche«. Die Segelschule Mondsee offeriert unter anderem Kitesurfing-Kurse. Auch im Salzburger Seenland freuen sich Skipper, etwa am Wallersee oder den Trumer Seen, über ideale Bedingungen. Namhafte Rafting- und Canyoning-Reviere sind die Saalach bei Lofer und die Lammer in der Gegend von Abtenau. Der Campingpark Grubhof hält für Wildwassersportler einen gesonderten Platzbereich bereit und bietet

Auf die Räder, fertig, los! Der Mondseeberg ruft.

Camp Mondseeland: Das Motorrad darf auch im Kurzurlaub nicht fehlen.

unter anderem Schnupperkurse. Riesengroß ist die Auswahl an reizvollen Wander- und Bergtouren überall in den in diesem Band beschriebenen Gebieten. In nahezu jedem Ort im Gebirge besteht die Möglichkeit an geführten Touren mit geprüften Bergführern teilzunehmen. Der Alpenverein betreibt ein Netz an Schutzhütten, größtenteils bewirtschaftet, die auch Nichtmitgliedern zugänglich sind. »Bergsteigerdörfer«, darunter Hüttschlag im Großarltal und Steinbach am Attersee, werben für einen naturverträglichen Alpinismus.

Besonders populär ist der Salzburger Almenweg. Fast alle Orte im Pongau bieten einen Zugang zur 350 Kilometer langen Strecke mit ihren 120 mehrheitlich bewirtschafteten Almhütten. Klettersteige und -hallen erfreuen sich wachsender Beliebtheit. Bergwanderer sollten immer einen plötzlichen Wetterumschwung im Blick haben, weshalb eine gute Ausrüstung mit Schutz vor Kälte und Regen sowie feste Stiefel mit griffigem Profil unentbehrlich sind. Grundsätzlich ist angeraten, niemals allein auf Tour zu gehen und immer anderen das Ziel mitzuteilen. Neben dem Internationalen Notruf 112 verspricht der kostenlose Alpin-Notruf 140 im Bedarfsfall schnelle Hilfe. Die gelben Wegweiser informieren nicht nur über Ziele und Wegzeiten, sondern auch über den Schwierigkeitsgrad. Blaue Strecken erfordern weder Bergerfahrung noch eine spezielle Ausrüstung. Rote setzen gute Fitness und eine einfache Bergausrüstung voraus. Bei schwarzen Wegen sind Trittsicherheit und Schwindelfreiheit unabdingbar.

Der Winter schickt einen ersten Gruß in den Lungau.

PEDALRITTER UND WINTERSPORTFANS

Seit der Tauernradweg 1991 fertiggestellt wurde, erlebt der Radtourismus einen ungeahnten Aufschwung. Fast jedes Wohnmobil-Team geht mit Fahrrädern auf Reisen. Ebenfalls sehr beliebt sind in der Region der Mozartradrundweg, die Salz- und Seentour oder der Salzkammergutweg. Das Netz aus Rad- und Mountainbikewegen ist zusammen mehr als 7000 Kilometer lang. Die Skipisten zwischen Lofer im Norden und den Hohen Tauern im Süden, vom Wildkogel im Westen bis zum Dachstein im Osten versprechen Winterspaß nicht nur für Könner, sondern auch für Anfänger und Familien. Eine Tageskarte in einer der großen von insgesamt 22 Skiarenen, wie zum Beispiel in Saalbach-Hinterglemm, kostet für Erwachsene in der Hauptsaison 60,50 Euro (Stand März 2022). Freerider favorisieren das Kitzsteinhorn, Snowboarder zieht es bevorzugt nach Leogang (mit seinen Wohnmobilstellplätzen). Am Längsten dauert die Skisaison in Obertauern (November bis Mai).

Ein ruhiges Umfeld dürfen Familien im Lungau im Süden des Landes erwarten. Skigebiete wie Großeck/Speiereck mit direktem Campingplatzanschluss gewähren einen optimalen Einstieg in das Schneevergnügen. Auch die Almenwelt Lofer oder Rauris im Pinzgau gelten als ausgesprochen familienfreundlich. Im Verbund »Ski amadé« sind 760 Pistenkilometern über 270 Seilbahnanlagen mit einem Ticket zu befahren. Dazu gehören Orte wie Wagrain oder Sankt Johann im Pongau. Auch beleuchtete Langlaufloipen und Rodelstrecken sind auf dem Vormarsch. Ein tolles Ziel ist beispielsweise Filzmoos mit seinen Höhenloipen rund um das Hochplateau Rossbrand. Sie sind mit der Gondelbahn Papageno schnell und bequem zu erreichen. Viele Skitourengeher schwärmen ebenfalls vom Lungau. Dieser Sport setzt jedoch skifahrerisches Können, entsprechende Ausrüstung und vieles mehr, wie eine gute Gefahreneinschätzung, unbedingt voraus. Spezielle Kurse der Skischulen vermitteln das notwendige Wissen.

HAUPTSACHE, ES SCHMECKT

Wer viel Sport betreibt, benötigt viel Energie. Im Salzburger Land und im Salzkammergut stehen aber nicht Kalorien und Kohlenhydrate im Vordergrund, sondern der Genuss. Dabei wird verstärkt auf traditionelle Gerichte gesetzt, die jedoch weiter verfeinert und dem heutigen Geschmack angepasst werden. Tauernlamm, Pinzgauer Käse und Fisch aus den Salzburger Gewässern stehen stellvertretend für die neue kulinarische Ausrichtung.

Aufgetischt! Im Gasthof Post in St. Martin am Tennengebirge

Salzburg gilt daneben als Bierhauptstadt. Zu Brauereiführungen laden unter anderem die Brauereien Stiegl und Augustiner Bräu in Salzburg und die landesweit bekannte Trumer Brauerei in Obertrum. Obendrein genießen die prämierten Destillate aus Vogelbeere oder Holunder (Holler) nicht nur bei Kennern einen exzellenten Ruf. Das Speisenangebot reicht von der einfachen Brettljause über knuspriges Brathendl und Tafelspitz bis zur gehobenen Feinschmeckerküche. Keine andere Region in Österreich weist derart viele Haubenlokale auf. Knödel, Karpfen, Kaiserschmarren und Krapfen bekommen im Pinzgau Konkurrenz durch die heimischen Kasnocken, ein käsespätzleähnliches Gericht. Im Pongau isst man gerne Fleischkrapfen und im Lungau »Eachtling mit Eierschwammerl«, das sind in Butterschmalz gebratene Erdäpfel beziehungsweise kleine Frühkartoffeln mit Pfifferlingen.

Wunderbares Stilleben mit Werkzeug am Irrsee

Ein Hof schöner als der andere

Beim traditionellen Bauernherbst überall im Salzburger Land kommen »Hasenöhrl« auf den Tisch – dreieckige, goldgelb gebackene Teigstücke. In den Tauern und südlich davon serviert man bevorzugt im Herbst »Schöpsernes«, gebratenes Lamm- oder Hammelfleisch. Beim häufig offerierten »Blunzngröstl« handelt es sich um Blutwurst mit angebratenen Kartoffelscheiben, gereicht mit Kren (Meerrettich) und Sauerkraut. Die Seen im nördlichen Flachgau und Salzkammergut liefern unter anderem Äsche, Hecht, Saibling und Zander. Kaiserschmarren ist ein mit Gabeln zerteilter Rosinenpfannkuchen. Beliebteste Mehlspeise ist der Strudel, wahlweise mit Obst, Topfen (Quark) oder Mohn. Köstlich auch: Milchrahmstrudel mit Rosinen und Vanillesauce. Topfenknödel enthalten gedünstete Zwetschken und Germknödel sind mit Zwetschkenmarmelade gefüllt. Bei den Marillenknödeln wurden die Aprikosensteine durch Zuckerstücke ersetzt. Für einen Tafelspitz kommen nur sehr gute Rinderlendenstücke zur Verwendung, die man zuvor in einem Gemüsesud mindestens drei Stunden garen ließ. Er zählte zu Kaiser Franz Josephs Lieblingsgerichten. Kaspressknödel schließlich sind eine Pinzgauer Spezialität. Sie sind hergestellt aus Knödelbrot und heimischem Käse. Aus dem Teig werden flache Knödel geformt, die in einer Schnittlauchsuppe serviert werden.

Gut Wind – ahoi am Mondsee vor der Kulisse der Drachenwand

St. Veit im Pongau zwischen Geranien und Rosen

DER GROSSVENEDIGER ÜBERRAGT ALLE

Neben dem Verstehen von manchen »Fremdwörtern« wie etwa Nockerln, einer Art Eischnee-Soufflé, liegt eine weitere Schwierigkeit darin, die fünf Salzburger Bezirke geografisch richtig zu verorten. Der Pinzgau liegt im Westen des Bundeslandes, daran schließt sich östlich der Pongau an. Im Norden folgen Tennengau und Flachgau. Der Lungau bildet die Südostspitze. Der Pinzgau ist der größte Bezirk. In seinem Nordteil prägt die Saalach, Salzburgs zweitlängster Fluss, die Landschaft. Im Westen des Pinzgaus befinden sich beliebte Wintersportzentren, wie etwa Saalbach-Hinterglemm oder Zell am See. Im Süden des Bezirks und des benachbarten Pongaus zieht sich die mächtige, rund 120 Kilometer lange Gebirgskette der Hohen Tauern; diese bildet mit ihren 266 Dreitausendern das Zentrum der Ostalpen – mit dem Großvenediger (3657 m) als höchster Erhebung. Der Pongau zählt nicht mehr zu den Kalkalpen, sondern fast ausnahmslos zur sogenannten Grauwackenzone. Sein Gebiet umfasst im Wesentlichen das mittlere Salzach-, Gasteiner-, Großarl- und obere Ennstal. Der früher wichtige Pass Lueg bildet die Grenze zwischen dem Pongau und dem Tennengau im Norden. Der Tennengau erstreckt sich aus Richtung Salzburg kommend salzachaufwärts beiderseits des Flusses und zieht sich dann über das Lammertal bis zum Abtenauer Becken im Osten. Die Stadt Salzburg liegt im Süden des sich nördlich anschließenden Flachgaus, den man mit seinen Hügeln, Seen und Mooren dem Alpenvorland zurechnet. An den Pongau grenzt jenseits der Radstätter Tauern der gänzlich von Bergzügen eingefasste Lungau, wo sich altes Brauchtum sehr gut erhalten konnte.

EIN WENIG HISTORIE

Die Geschichte des Landes Salzburg unterscheidet sich in einem Punkt deutlich von anderen österreichischen Gebieten: Es stand mehr als 1000 Jahre unter der Herrschaft von Erz- und Fürstbischöfen. Sie beginnt aber schon deutlich früher. Belegt ist etwa der Kupferbergbau ab 1800 vor Christus am Mitterberg am Hochkönig und im Glemmtal. Nachgewiesen ist nebenbei bemerkt auch, dass das Kupfer der berühmten, etwa 4000 Jahre alten Himmelsscheibe von Nebra aus dem Mitterberg stammt. Das Gebiet des Salzburger Landes gehörte im ersten Jahrtausend vor Christus zum keltischen Königreich Noricum. 15 vor Christus unterwarfen die eindringenden Römer die Kelten. 45 nach Christus erhielt die römische Siedlung Iuvavum im Bereich der heutigen Salzburger Altstadt das Stadtrecht. Daraufhin entstand ein weitreichendes Straßennetz, wodurch der

Salzburg auf einer Fahrrad-Führung entdecken

Warenaustausch mit Italien beflügelt wurde. Im fünften Jahrhundert vertrieben die Ostgoten die Römer. Kurz darauf siedelten die ersten Christen in Salzburg. Eine Sonderstellung nimmt der Lungau ein: Er blieb bis ins zehnte Jahrhundert slawisches Siedlungsgebiet. Der Bischof Rupert von Worms (650–718) und der Ire Virgil trieben die Christianisierung voran. 755 wurde »Salzpurch« erstmals erwähnt. 798 erhob Papst Leo III. die Stadt zum Erzbistum. Kaiser Friedrich III. ernannte Salzburg 1481 zum Fürsterzbistum. Dies räumte den Einwohnern unter anderem das Recht ein, ihren Bürgermeister selbst zu wählen.

Fürsterzbischof Leonhard von Keutschach (1442–1519) ließ die Festung Hohensalzburg ausgestalten. Der Abbau von Gold, Silbererz und Salz bescherte der Stadt hohe Gewinne. Wolf Dietrich von Raitenau (1559–1617), einer seiner Nachfolger, erwies sich als großer Bauplaner. In seine Amtszeit fielen die Errichtung der Residenz und der Abriss des durch einen Brand zerstörten romanischen Doms. Sein Neffe Markus Sittikus konnte Raitenaus Pläne zum Bau eines neuen riesigen Doms in einer abgespeckten Variante schließlich durchsetzen. Paris Lodron (1586–1635), ein weiterer Nachfolger, gründete 1622 die Universität. Unter Johann Ernst von Thun (1643–1709) entstanden viele barocke Prachtbauten. Daraufhin setzte mit dem Niedergang des Bergbaus auch der Niedergang der Stadt ein. Die Habsburger im Salzkammergut übernahmen die Marktführerschaft im Salzhandel. 1803 besetzten die Truppen Napoleons die Stadt Salzburg; es folgte die Auflösung des Fürsterzbistums.

Nach wechselnden Herrschaften kam Salzburg 1816 endgültig zu Österreich. Zum Jubiläum 2016 sagte der Landeshauptmann Wilfried Haslauer jr. scherzhaft, dass nun Österreich 200 Jahre bei Salzburg sei. Auch einstige und heutige Größen, ob Komponist oder Skiass, tragen zum heutigen Selbstbewusstsein bei. Dieses wird auch im Land Salzburg von vielen kritisch gesehen. Es entsteht ein zunehmendes Ungleichgewicht zwischen der reichen Landeshauptstadt und den ländlichen Gebieten, wie etwa dem sehr traditionell geprägten Lungau, der mit Abwanderung zu kämpfen hat. Eine Sonderstellung nimmt innerhalb Österreichs das Salzkammergut ein. Auch hier pflegen die Bewohner ihre Traditionen und Eigenheiten – so sehr, dass manche das Salzkammergut als das »zehnte Bundesland Österreichs« bezeichnen.

Mozart steht über allen.

OBERPINZGAU

Natur am Oberlauf der Salzach

Der Himmel reißt auf über dem Gerlostal.

1

Das Städtchen Mittersill im Westen des Salzburger Landes bildet eines der Zugangstore zur wunderbaren Hochgebirgswelt im Nationalpark Hohe Tauern. Hier im Oberpinzgau stürzen allenthalben Wasserfälle zu Tal, darunter jene berühmten über dem Dorf Krimml; sie sind mit einer Fallhöhe von 380 Metern die höchsten in Mitteleuropa.

Der Oberpinzgau ist eine von vier Regionen im Bezirk Zell am See. Sein Gebiet erstreckt sich von Niedernsill im Osten etwa 50 Kilometer westwärts bis nach Krimml zu Füßen der aussichtsreichen (kostenpflichtigen) Gerlos Alpenstraße, die ins Tiroler Zillertal führt. Die hochalpinen Gebiete im Süden sind weitgehend Teil des Nationalparks Hohe Tauern. Sie grenzen daneben sowohl an das italienische Südtirol als auch an die Bundesländer Osttirol und Kärnten; das breite Tal der Salzach in ihrem Oberlauf bildet die Lebensader der Region. Die am Nordrand verlaufenden Berge, darunter der vielbesuchte Wildkogel, gehören zu den Kitzbüheler Alpen. Als Standortquartiere stehen gegenwärtig sieben Camping- und Stellplätze meist in Flussnähe zur Verfügung. Hauptort der neun Talgemeinden ist der Markt Mittersill am Schnittpunkt zweier historisch bedeutender Handelswege: Die Salzachtalstraße trifft auf die seit der Römerzeit bestehende Alpenüberquerung, die vom Inntal über Kitzbühel und die Felberntauernstraße in den Süden Österreichs führt. Mittersill verfügt über einen hübschen historischen Ortskern mit denkmalgeschützten Häusern, wie zum Beispiel der 300 Jahre alten Meilinger Taverne am Marktplatz. Die multimediale Ausstellung »Nationalparkwelten« im Nationalparkzentrum Hohe Tauern in Mittersill vermittelt einen Überblick über die zehn verschiedenen lokalen Landschaftsräume. In der größten Schutzzone der Alpen wachsen rund 3500 Pflanzenarten. Sie bildet des Weiteren den Lebensraum vieler Wildtiere, darunter derzeit etwa 40 Steinadlerpaare. Von Säumern und Hexen sowie der früheren großen Wirtshausdichte erzählt indes das neu konzipierte, 2021 wiedereröffnete Felberturm Museum im Ortsteil Felben. Der Felberturm ist der Rest einer Burg aus dem 12. Jahrhundert; er ist das älteste erhaltene Bauwerk in der Region. Im benachbarten Bauernhaus – es stand ursprünglich in Kaprun – ist das frühere Alltagsleben der Bauern dargestellt.

1

SMARAGDE UND WEITERE SCHÄTZE

Einen Besuch wert ist auch die nahe gelegene Kirche Sankt Nikolaus mit ihrer spätgotischen Innenausstattung. Schön anzuschauen ist des Weiteren das Bauernhaus Klausengut mit der Hausnummer 13 in **Hollersbach**, fünf Kilometer westlich von Mittersill. Seit seiner Fertigstellung im 16. Jahrhundert wurde an ihm kaum etwas verändert. Vom Ort führt eine Panoramabahn auf den **Resterkogel**, eine der schönsten Skiarenen in den Kitzbüheler Alpen. Im Sommer empfiehlt sich eine Wanderung über den Panoramasee auf den Zweitausender und den Roßgruber. Die Gehzeit beträgt rund zweieinhalb Stunden, Trittsicherheit ist erforderlich. Das Museum Bramberg in **Bramberg am Wildkogel** widmet sich ebenfalls dem Nationalpark und darüber hinaus den Smaragdfunden im Habachtal. Die Pfarrkirche Sankt Laurentius wahrt in ihrem Inneren die »Bamberger Pietà«, eine Steingussplastik. Diese entstand im Jahr 1390, was sie zur ältesten Plastik im Oberpinzgau macht. Im Ortsteil Mühlbach steht an zentraler Stelle ein Denkmal, das an Hans Panzl (1786–1862) erinnert. Panzl kämpfte in seiner Jugend als Bauernanführer siegreich gegen französische und bayerische Truppen. Zar Nikolaus I. zeichnete

Schöner Bergbauernhof in Wald im Pinzgau

Kein Hang ist zu steil für die Landwirtschaft.

ihn später dafür aus. Im Westen von Bramberg wacht die Ruine Weyer, deren Turm angeblich einst sieben Stockwerke besaß. Den Eingang zum 14 Kilometer langen **Habachtal** signalisiert ein großer gläserner, in Smaragdform geschliffener Kristall. Der »Habachtaler« unterscheidet sich durch seine intensive Grünfärbung von anderen Smaragden. Auf einem Lehrpfad im Tal erfährt man mehr über die Geologie der Hohen Tauern und die mineralischen Schätze in dem Gebiet. Der Weg führt über die bewirtschaftete Enzianhütte und den Gasthof Alpenrose zu den Überresten des alten Smaradbergwerks. Wer ab hier weitermarschiert, gelangt nach wenigen Minuten zur urgemütlichen, 1771 erbauten Moar-Alm. In Neukirchen am Großvenediger zieht der vergletscherte, 3657 Meter hohe **Großvenediger** über dem Sulzbachtal alle Blicke auf sich. Der Berg ist der höchste im Bundesland Salzburg. Von der Bergstation der Wildkogelbahn lohnt indes die aussichtsreiche Tour zum Frühmesser und zur Geige. Auf dem Rückweg bietet sich die Steineralm zur Einkehr an. Müde Wanderer stärken sich dort beispielsweise mit einer hausgemachten Pilzsuppe. Im Untersulzbachtal gewährt das **Schaubergwerk Hochfeld** Einblicke in den ehemaligen Kupfererzabbau. Das Wohnmobil parkt am besten auf dem Parkplatz am **Gasthof Schütthof** in Salzau. Die Gehzeit hinauf zu den alten Stollen beträgt etwa 70 Minuten. Die oberhalb des Bergwerks gelegene Finkalm ist seit Sommer 2021 nicht mehr bewirtschaftet.

1

Tipp

Das »Pinzgauer Mineralienmuseum und Laden Kurt Nowak« in Wald im Pinzgau ist eine beeindruckende Privatsammlung schöner Mineralien mit umfangreichen Informationen zu den einzelnen Stücken und Fundorten. Herr Nowak besitzt seit fast 50 Jahren die Lizenz für das Sammeln und Bergen im Habachtal – und weiß zu jedem Stein eine Geschichte zu erzählen. Ganzjährig geöffnet, im Sommer ist er jedoch häufig in den Bergen unterwegs (5742 Wald im Pinzgau Nr. 48, Tel. +43/6565/83 72, pinzgauer-mineralien.at).

KRIMMLER WASSERFÄLLE

Über drei Stufen stürzt am westlichen Ende von Oberkrimml die Krimmler Ache, gespeist aus 17 Gletscherbächen, in ein Felsenbecken und erzeugt dabei einen feinen Sprühnebel. Schon im 19. Jahrhundert priesen Mediziner dessen Heilkraft. 1808 riet beispielsweise der Landarzt Paul Oberlechner aus Zell gestressten Stadtmenschen, die feuchte Luft zu inhalieren. Erst vor ein paar Jahren haben einige Wissenschaftler nachgewiesen, dass sich die Tröpfchen positiv auf die Lungenfunktion auswirken und die Beschwerden jener lindern, die unter Allergien und Asthma leiden. Andere Forscher bezweifeln jedoch die Wirksamkeit. Sei's drum: Die meisten der jährlich rund 400 000 Besucher kommen nicht ihrer Gesundheit zuliebe an die Wasserfälle: Sie genießen vielmehr das einzigartige Naturschauspiel der österreichischen »Niagarafälle«. Diese sind mit einer Gesamtfallhöhe von 385 Metern die höchsten im Land. Die Sonnenstrahlen zaubern in der sprühenden Gischt einen Regenbogen. In der warmen Jahreszeit führt das Schmelzwasser der Gletscher vom Mittag jeden Abend dazu, dass der Pegel der Krimmler Ache ansteigt.

Mit dem Ausflug zu den Wasserfällen bietet sich ein Besuch der Wasserwelten im Infozentrum am Parkplatz an. Das Haus wartet mit einer Fülle an Wissenswertem über das lebensspendende Nass auf. Man taucht zum Beispiel virtuell mitten in einen Wasserfall ein – oder man begegnet, scheinbar geschrumpft, der speziellen Tiefseefauna und -flora. Von den Wasserwelten führt ein Wanderweg in etwa 15 Minuten direkt an die unterste Stufe der Wasserfälle. Von dort aus windet sich ein befestigter Weg bis zur obersten Stufe. Immer wieder bieten Aussichtskanzeln neue

Aussichten auf die schäumenden Massen. Die gesamte Tour dauert ungefähr eineinhalb Stunden.

DER ERSTE JODELWANDERWEG der Welt verläuft in der Nähe von Wald-Königsleiten am Gerlospass. Die verschiedenen Audiostationen entlang der Strecke spielen einfache Jodler zum Nachsingen. Zu hören ist zuerst das ganze Stück, dann folgen die erste und zweite Stimme einzeln. Zuerst sollte jeder seine Stimme einzeln versuchen, anschließend kann man den Jodler gemeinsam singen. Start ist an der Bergstation der Dorfbahn Königsleiten. Die erste Station liegt beim Restaurant »Gipfeltreffen«. Der kinderwagentaugliche Jodelwanderweg ist im Sommer geöffnet und für jeden kostenlos nutzbar. Die Begehbarkeit richtet sich nach den Betriebszeiten der Bergbahn (jodelweg.at).

Krimml: Die feinen Tröpfchen sollen den Lungen guttun.

AUF EINEN BLICK

Info

STADT/REGION: Mittersill, Hauptort der Region Oberpinzgau
BESTE REISEZEIT: Juni bis September
OPTIMALE REISEDAUER: 3 Tage
TOURISTINFO: Mittersill Plus GmbH, Stadtplatz 1,
5730 Mittersil, Tel. +43/6562/42 92, mittersill-tourismus.at

SEHENSWÜRDIGKEITEN

KRIMMLER WASSERFÄLLE: Oberkrimml 45, 5743 Krimml,
Tel. +43/6564/201 13, wasserwelten-krimml.at
NATIONALPARKWELTEN: Gerlosstraße 18, 5730 Mittersill,
Tel. +43/6562/409 39, nationalparkzentrum.at
FELBERTURM MUSEUM: Museumsstraße 2, 5730 Mittersill,
Tel. +43/664/125 39 38, museum-mittersill.at
KRÄUTERGARTEN & BIENENLEHRPFAD: Hollersbach 12,
5731 Hollersbach, Tel. +43/664/206 64 77, hollersbacher.at

STELLPLATZ GASTHOF FRIEDBURG

ADRESSE: Scheffau 96, 5741 Neukirchen am Großvenediger,
Tel. +43/6565/648 60, gasthof-friedburg.at
ANFAHRT: Aus Richtung Neukirchen im Ortsteil Rosental von der Bundesstraße links abbiegen, ca. 3 km der gut ausgebauten und beschilderten Straße folgen. Der Gasthof befindet sich auf einer Anhöhe.
GPS: 47.238611, 12.241389
Empfehlenswerter Stellplatz für 17 Wohnmobile in ruhiger ländlicher Umgebung mit weitem Ausblick über das Tal und bis zu den Gipfeln der Hohen Tauern. Die Parzellen sind mit Anschlüssen für Strom und Satelliten-TV-Empfang ausgestattet, auch besteht die Möglichkeit der Ver- und Entsorgung. Der Gasthof bietet hauptsächlich regionale Gerichte, zubereitet aus eigenen landwirtschaftlichen Erzeugnissen. Für die Wohnmobilgäste steht auf Wunsch ein Frühstück bereit, darüber hinaus sind eine Liegewiese, ein Kinderspielplatz und ein Streichelzoo vorhanden. Der nächste Skilift und die Ski-Arena Wildkogel liegen 3,5 km beziehungsweise 8 km entfernt.

◀ Die Fälle von der Gerlos Alpenstraße aus gesehen

▲ Markise herausdrehen und genießen ▼ S.N.P. Camping

S.N.P. CAMPING

ADRESSE: Lahn 65, 5742 Wald im Pinzgau, Tel. +43/6565/84 46, snp-camping.at

ANFAHRT: Ab Mittersill 20 km auf der B 165 in Richtung Krimml-Gerlospass, hinter dem Tunnel nach 1 km auf der rechten Seite

GPS: 47.243056, 12.211389

Der kleine, liebevoll angelegte Platz mit schönem Bergblick liegt direkt am Tauernradweg. Die Parzellen erstrecken sich am Ortsrand auf einer ebenen Wiese mit Büschen und Bäumen. Zum Angebot zählen unter anderem eine Gaststube sowie Frühstücks- und Brötchenservice. Sportmöglichkeiten im Sommer: Wandern, Hochgebirgstouren, Mountainbiken, Paragleiten und vieles mehr. Im Winter locken die 2-Länder-Skischaukel Zillertal Arena Zell-Gerlos-Königsleiten/Wald-Krimml mit fünf Skischulen und Europas längste Rodelbahn (14 km) sowie mehrere Loipen. Die Entfernung zur Haltestelle des kostenlosen Skibusses beträgt 200 m

SAALACHTAL UND SALZBURGER KALKALPEN

Berge zwischen Heutal und Hochkönig

Hof in Dienten am Fuß des majestätischen Hochkönigmassivs

2

Die Region Mitterpinzgau entlang Saalachtal und Glemmtal bis zum Hochkönigsmassiv bietet eine großartige Naturlandschaft, die im Sommer wie im Winter viele Gäste mit Wohnmobil anzieht. Ihre Bewohner pflegen das Brauchtum, wie etwa den »Hundstoa-Hagmoar«, den Wettkampf der »Rangglere«; er findet jährlich Ende Juli auf dem Hundstein statt.

Mit 1961 Metern ist das Sonntagshorn der höchste Berg in den Chiemgauer Alpen. Auf seinem Gipfel verläuft die Grenze zwischen Deutschland und Österreich, dem Bezirk Oberbayern und der Region Mitterpinzgau im Bundesland Salzburg. Eine leichte bis mittelschwere, zweieinhalbstündige Wanderung führt auf der Südseite vom Heutal über die Hochalm auf den beliebten Aussichtsberg. Er verdankt seinen Namen angeblich nicht dem letzten Tag der Woche, sondern seiner geneigten Form, die an ein Sonnendach erinnert. Oben bietet sich den Wanderern ein fantastisches Rundum-Panorama: In nördlicher Richtung schweift der Blick über den gesamten Chiemgau vom Kaisergebirge über Kampenwand und Hochfelln bis zu den Berchtesgadener Alpen. Nach Süden verfängt er sich in den imposanten Felsformationen der Reiteralpe und der Loferer Steinberge. Für den Rückweg empfiehlt sich der Umweg über das Peitingsköpfle einschließlich Einkehr in der Hochalm Jausenstation mit köstlichen Schmankerln wie Kaiserschmarren und Kaspressknödel. Eine Übernachtung im Wohnmobil auf dem kostenpflichtigen Wanderparkplatz P2 beim Heutalbauern ist möglich. Dort signalisiert ein grünes oder rotes Schild, ob die Hochalmhütte geöffnet beziehungsweise geschlossen ist. Der Campingplatz am Gasthof Heutaler Hof steht seit 2020 nicht mehr zur Verfügung.

WILDE WASSER

Wunderschöne Wiesen, Wälder und eine geschützte Moorlandschaft prägen das alpine Hochtal. An seinem Ende am Grenzübergang zu Bayern ergießt sich der 200 Meter hohe Staubfall-Wasserfall; man geht an seiner Rückseite durch ihn hindurch. Die Anfahrt von Unken über Serpentinen ins Tal ist aufgrund der ständig wechselnden Landschaftsbilder für sich allein schon ein Erlebnis. Unken indes mit Schloss Oberrain, dem alten Jagdsitz der Fürsterzbischöfe, war im 19. Jahrhundert ein vielbesuchter

Kurort. Das stattliche Anwesen hoch über dem Saalachtal birgt heute eine Sozialeinrichtung. Öffentlich zugängliche Attraktionen im Ort sind unter anderem das Freibad Alpenbad mit tollem Bergblick, die Kirche mit reicher Rokoko-Ausstattung und das Heimatmuseum - liebevoll eingerichtet im 500 Jahre alten Kalchofengut.

Eine gute Kondition erfordert eine Mountainbike-Tour rund um die Steinplatte. Das markante Kalkriff - ein Relikt aus der Zeit des Urmeers Thetys - erhebt sich westlich der Marktgemeinde Lofer, des bevorzugten Ausgangs- und Endpunkts. Die empfohlene Route verläuft zunächst am Mozart-Radweg entlang des Loferbachs bis Waidring. Von dort geht es samt Rädern per Gondel zur Bergstation. Nach der Umrundung des Gebirgsstocks führt der Weg weiter über Möseralm und Schwarzbergalm zur Fußtalstube - den Ausklang begleiten Loferer Alm, Berggasthof Loderbichl und nach steilem Anstieg der Ortsteil Faistau.

Etwa drei Kilometer südlich von Lofer erreicht man den Ferienort Sankt Martin, der mit dem Komfortcampingplatz Grubhof am Saalachufer aufwartet. Berühmt ist die 1100-Seelen-Gemeinde für die ein gutes Stück oberhalb gelegene Wallfahrtskirche Maria Kirchental, Pinzgauer Dom genannt. Der Fußweg zu ihr beträgt rund eine Stunde. Erbaut wurde das

Wiesen und Moore kennzeichnen das obere Heutal.

Im unteren Heutal dominieren Wald und steile Hügel.

malerisch von den Loferer Steinbergen umschlossene Gotteshaus 1701 nach Plänen des Barockarchitekten Johann Bernhard Fischer von Erlach. Die inneren Gewölbe zieren weder Stuckarbeiten noch Gemälde. Sie sind stattdessen mit Votivtafeln übersät, die Gläubige gestiftet haben. Ein Großteil der insgesamt mehr als 1200 Kleinbildnisse ist zusammen mit weiteren sakralen Stücken im Wallfahrtsmuseum zu bewundern. Von der originalen Kircheneinrichtung sind zwei kostbare Seitenaltäre aus Marmor erhalten.

DIE LAMPRECHTSHÖHLE IN Sankt Martin bei Lofer ist die bislang längste bekannte Durchgangshöhle der Welt. Daneben zählt sie mit ihren 62 Kilometer Gesamtausdehnung zu den größten Höhlensystemen Europas. In dem sehr gut erschlossenen Schauhöhlenbereich gelangen die Besucher nach 700 Metern und 392 Stufen auf eine Aussichtsplattform, die einen großartigen Blick in die Tiefe der Höhle ermöglicht. Festes Schuhwerk und warme Kleidung sind obligatorisch; die Höhlentemperatur beträgt ganzjährig zwischen 4 und 6 Grad Celsius (lamprechtshoehle.at).

Oktoberschnee überzieht die Gipfel der Kalkalpen.

ABSTECHER INS GLEMMTAL

Die Saalach entspringt unterhalb des Gamshag-Gipfels in den Kitzbüheler Alpen, durchfließt das **Glemmtal** und schwenkt dann im Zeller Becken in Richtung Norden. Nach Saalfelden zwängt sich der Fluss durch ein tief eingeschnittenes Durchbruchstal und passiert dabei Lofer und Unken. Schließlich übertritt die Saalach unweit des Steinpasses die Grenze nach Deutschland und mündet nach 106 Kilometern bei Freilassing in die Salzach. Erste Station im 30 Kilometer langen Glemmtal ist Maishofen. Sehenswert ist in der Pfarrkirche der bildstarke Passionsaltar von Anton Faistauer, einem der bedeutendsten Maler der österreichischen Moderne zu Anfang des 20. Jahrhunderts. Der acht Kilometer lange Anton-Faistauer-Themenweg folgt seinen Spuren. Um 1500 vor Christus begann man in der Gegend um **Viehhofen**, der nächstfolgenden Gemeinde, Kupfererz zu gewinnen. Davon zeugen seltsam anmutende Hügel: die Abraumhalden von damals. Eine beliebte Tageswanderung für die ganze Familie ist die Tour zum Sausteigen und zum Haiderbergkogel, zurück über den Schabergkogel und den Berggasthof Hecherhütte. Von Viehhofen führt die Gondelbahn Zell am See Express hinauf zum Salersbachköpfl in der Nähe der Schmittenhöhe, dem vielbesuchten Hausberg der Stadt Zell am See. Die Haupttalgemeinde **Saalbach-Hinterglemm** ist in erster Linie als Wintersportzentrum bekannt. Das Heimathaus und Skimuseum in Saalbach zeigt die Siedlungsgeschichte vom ersten Bauernhof im Jahr 1222 über den Bau der Kirche (1410) bis zu den ersten Skifahrern am Ende des 20. Jahrhunderts und dem darauf einsetzenden Aufstieg zur topmodernen Tourismushochburg mit weltbekanntem Skigebiet. Für Nervenkitzel sorgt in Hinterglemm Österreichs größter Hochseilpark. Den Höhepunkt bilden sechs Seilrutschen, wo Wagemutige mit bis zu 80 Stundenkilometern zwischen den Bäumen hindurchsausen. Ebenfalls in der Nähe: der **Golden Gate & Baumzipfelweg**. Diese Rundstrecke startet bei der Lindlingalm mit der 200 Meter langen »Golden-Gate-Brücke«. Diese ist bis zu 42 Meter hoch und überspannt den Saalbach. Die Überquerung bietet eine faszinierende Rundumsicht auf die Berge sowie auf den Hochseilpark. Im Anschluss folgt der 600 Meter lange Wipfelwanderweg, eine massive Holzkonstruktion mit Treppen, Türmen und Plattformen.

Heutal: Ab hier geht es nur noch zu Fuß weiter.

2

Tipp

Schon von Weitem sticht direkt an der Straße der »Nostalgiestadl Maishofen« ins Auge, eine sehr vielfältige und umfangreiche Sammlung aus echten Antiquitäten, Trödel und hübschem Krimskrams. Da ist für jeden Liebhaber guter alter Stücke etwas dabei. Einen Zirbenschnaps aus hauseigener Produktion zum Kosten gibt es vom Besitzer obendrein. Antik- & Bauernmöbel, Zellerstraße 14, 5751 Maishofen/Zell am See, Tel. +43/664/597 56 35, nostalgiestadl.at.

HOCH UND HÖHER

Der Sockel des markanten **Hochkönigmassivs** besteht aus porösem Ramsaudolomit. Rund um den gleichnamigen, 2941 Meter hohen Gipfel, die höchste Erhebung in den Salzburger Kalkalpen, überwiegt dagegen der festere Dachsteinkalk. Die Besteigung von Süden über das Arthurhaus ist konditionsstarken und trittsicheren Wanderern vorbehalten (Gehzeit insgesamt 10 Std. bei 1700 Hm). An höchster Stelle ragt das **Matrashaus**

Mmh, das Gras schmeckt lecker.

Bernhardgut in Mühlbach am Hochkönig

in den Himmel; es ist im Sommer bewirtschaftet. Geführte Aufstiege mit staatlich geprüften Bergführern finden in der Saison regelmäßig statt. Der Rest eines Gletschers unterhalb des Gipfels verdankt den Namen »Übergossene Alm« einer schönen Legende. Diese erzählt, dass die steinigen Hochflächen einst saftig grüne Almen waren, die dem Vieh reichlich Nahrung boten. Die Kühe gaben derart viel Milch, dass die Sennerinnen mit der Butter- und Käseproduktion nicht mehr hinterherkamen und sehr wohlhabend wurden. In ihrem Übermut badeten sie in mit Milch gefüllten Trögen, warfen mit Butter um sich und taten noch andere Dinge, die Gott erzürnten. Dieser bestrafte sie mit einem schrecklichen Unwetter, das die Wiesen unter einem Eispanzer begrub. Dass auf dem Plateau des Hochkönigs jemals etwas wuchs, darf man infrage stellen. Die am häufigsten besuchten Orte zu Füßen von Hochkönig und dem sich anschließenden Steinernen Meer sind von West nach Ost betrachtet: Maria Alm, Dienten und Mühlbach. Im Norden über Maria Alm thronen majestätisch Breithorn, Schönfeldspitze und Selbhorn. Der Turm der örtlichen Pfarrkirche aus dem 16. Jahrhundert weist stolze 83 Meter in den Himmel – und ist damit einen Meter höher als die Salzburger Domtürme.

An der Bergstation der **Natrunbahn** bietet das Kultlokal TOM Almhütte seinen Gästen fast das ganze Jahr über eine gelungene Mischung aus Moderne und Tradition. Nach zehn Minuten zu Fuß ist der **Prinzensee** erreicht, der höchste Punkt des Natrun. Vom Ufer des Gewässers eröffnet

Auf stillen Wegen die Umgebung von Mühlbach entdecken

sich ein grandioser Panoramablick auf Hochkönig, Steinernes Meer und die Dientener Berge im Süden. Empfehlenswert ist auch der Weg zurück über die Jufenalm nach Maria Alm. Weite Aussichten gewährt darüber hinaus der Hundstein mit dem im Sommer bewirtschafteten Statzerhaus. Die Wanderung beginnt in Bachwinkl, mit der Schwarzeckalmbahn geht es hinauf auf die Thoraualm und schließlich über den Langeck zum Hundstein. Wieder hinab führt die empfohlene Route über Neuhaus- und Eggeralm. Die mittelschwere, insgesamt etwa sieben Stunden dauernde Tour zählt zu den schönsten im Hochköniggebiet. Sehr lohnend sind des Weiteren die aussichtsreichen Wanderungen von Dienten aus zum Gabühel und zur Hochmaisalm. Im Ort erhebt sich malerisch die kleine Pfarrkirche Sankt Nikolaus aus dem 15. Jahrhundert vor den grauen Steilwänden des Hochkönigs.

Tipp

Das Kräftemessen der »Ranggler« in der Naturarena auf dem Hundstein über Maria Alm ist der Höhepunkt für die vielen Ranggler-Vereine aus dem gesamten Alpenraum. Jedes Jahr am letzten Sonntag im Juli machen sich mehrere tausend Menschen zu Fuß auf den Weg zur »Hundstoa-Hagmoar«, um mitzufiebern, wenn ein paar Dutzend junge Burschen und Männer heftig miteinander »ranggeln« – so lange bis der Gewinner feststeht, »Hogmoar« genannt. Dieser gilt dann als Landessieger. Weitere Informationen gibt es unter salzburger-rangglerverband.at.

Illyrische Bergknappen bauten am Mitterberg bei Mühlbach schon vor mehr als 4000 Jahren Kupfererz ab. Das Kupfer der berühmten Himmelsscheibe von Nebra soll von dort stammen. Der Untertagebau wurde vermutlich 800 vor Christus zum ersten Mal eingestellt und geriet bis 1827 völlig in Vergessenheit. Dann fand ein Bauer eine Erzader, worauf man weitersuchte und dabei auf mehrere aufgegebene Stollen stieß. Der Kupferbergbau wurde wieder aufgenommen und bis 1977 fortgeführt. Schautafeln und Ausgrabungsstücke im Mühlbacher Heimatmuseum geben einen Einblick in die geologischen Besonderheiten oder erläutern unter anderem die Feuersetzmethode, eine uralte Abbautechnik.

AUF EINEN BLICK

Info

STADT/REGION: Salzburger Saalachtal und Hochkönig
BESTE REISEZEIT: Juni bis Oktober
OPTIMALE REISEDAUER: 4 Tage
TOURISTINFO: Salzburger Saalachtal Tourismus, Nr. 310, 5090 Lofer, Tel. +43/6588/83 21, lofer.com; Hochkönig Tourismus GmbH, Am Gemeindeplatz 7, 5761 Maria Alm, Tel. +43/6584/203 88, hochkoenig.at

SEHENSWÜRDIGKEITEN

WALLFAHRTSKIRCHE MARIA KIRCHENTAL: Kirchental 1, 5092 St. Martin bei Lofer, Tel. +43/6588/85 28, st-martin.co
HEIMATHAUS UND SKIMUSEUM: General-Weitlaner-Weg 58, 5753 Saalbach, Tel. +43/664/476 78 07, saalbach.com
BERGBAUMUSEUM HOCHKÖNIG: Mühlbach am Hochkönig 237, 5505 Mühlbach am Hochkönig, Tel. +43/676/773 31 82, museum-hochkoenig.com

CAMPING GRUBHOF

ADRESSE: Grubhof 39, 5092 St. Martin bei Lofer, Tel. +43/6588/82 37, grubhof.com
ANFAHRT: Aus Richtung Norden kommend die A 8 München-Salzburg an der Abfahrt Siegsdorf/Traunstein verlassen, weiter über den Grenzübergang Steinpass (Tunnel) nach Unken und über Lofer nach St. Martin, dann links zum Camping-Park.
GPS: 47.57432, 12.70558
Der 12 Hektar große parkähnlich angelegte Campingplatz am Saalachufer bietet Stellplätze mit bis zu 180 Quadratmeter Fläche und riesige, komfortabel ausgestattete Sanitärkabinen. Er ist unterteilt in Bereiche für Familien, Ruhesuchende ohne Kinder, Wohnmobile mit und ohne Hund. Man kann Fahrräder und E-Bikes ausleihen, der Tauernradweg führt direkt vorbei. Das Familienskigebiet Almenwelt Lofer liegt zwei Kilometer, die Langlaufloipe 300 Meter entfernt. Es gibt ein Wirtshaus, ein Café, einen Kinderspielraum, einen Wellnessbereich und vieles mehr. Für Wildwasser-Sportler steht ein eigener

◀ Bächlein am Brenner Köpfl ▲ Stellplatz Stegerbauer
▼ Dorfmitte von Maria Alm

Trockenraum für Kanuten und nasse Sportbekleidung zur Verfügung. Im Juli und August haben Grubhof-Gäste die Option für ein kostenloses Wildwasser-Schnupper-Angebot.

STELLPLATZ BAUERNHOF STEGERBAUER

ADRESSE: Stegen 16, 5761 Maria Alm am Steinernen Meer, Tel. +43/664/480 53 99, urlaub-hochkoenig.at
ANFAHRT: Etwa 600 Meter südlich von Maria Alm über eine schmale Brücke zum Ortsteil Stegen abzweigen
GPS: 47.39752, 12.90357
Die ebene, geschotterte Stellfläche für zehn Wohnmobile befindet sich neben den Stallungen auf einem Ferien-Bauernhof in Einzellage. Das ganzjährig nutzbare Gelände bietet von allen Plätzen einen prächtigen Ausblick auf das Steinerne Meer. Sechs Stromanschlüsse, Ver- und Entsorgung sowie Brötchenservice sind die Ausstattungsmerkmale des Stellplatzes. Die Anreise ist rund um die Uhr möglich, die Entfernung bis zum Zentrum beträgt 1 km und zur Abergbahn sind es 500 m.

PONGAU

Kultur und Natur zwischen Bischofshofen und Grossarltal

Hoch über dem Großarltal, dem Tal der Almen

3

Die Gegend um die moderne Bezirkshauptstadt Sankt Johann im Pongau ist geprägt von jahrhundertealter Almenkultur. Genusswanderungen durch malerische Wald- und Wiesenlandschaften stehen hier ganz oben auf dem Programm der Gäste. Ein ungeheuer spektakuläres Naturschauspiel stellt die Liechtensteinklamm dar, die womöglich schönste Wildwasserschlucht in den Ostalpen.

Die Umgebung von **Bischofshofen** ist seit 5000 Jahren Siedlungsgebiet, worauf verschiedene Funde aus der Jungsteinzeit hindeuten. Auch stieß man auf prähistorische Kupferabbaustätten. Die heutige Industriestadt mit rund 10 500 Einwohnern ist Eisenbahnknotenpunkt und Standort bekannter Unternehmen wie Bosch und Liebherr, darüber hinaus seit 1953 jährlicher Austragungsort der Vierschanzentournee. Zu ihren Sehenswürdigkeiten zählt die spätgotische Pfarrkirche Sankt Maximilian. Sie entstand an der Stelle der Maximilianszelle, einer Kapelle aus dem siebten Jahrhundert, die später zu einem Augustinerstift erweitert wurde. Ihre heutige ungewöhnliche Gestaltung mit Querschiff und Vierungsturm erhielt die Kirche um 1450. Die nördliche Wand schmückt ein verblasster Freskenzyklus aus dieser Zeit. Glanzstück im Inneren ist der zweigeschossige barocke Hochaltar mit gewundenen Säulen von 1680. Der Kastenturm neben dem Gotteshaus diente im Mittelalter als Getreidespeicher.
Die wohl bedeutendste touristische Einrichtung in Bischofshofen ist das Besucherzentrum des »UNESCO Erz der Alpen Global Geoparks«. Es ist eines von vier dieser Art in Österreich. Schwerpunkt der Ausstellung ist der Abbau von Kupfererzen. Die Zentren dienen allgemein dazu, das Wissen über Geologie und Bergbau einem breiten Publikum zu vermitteln. Die Stadtsilhouette von Bischofshofen bestimmt indes die im gotischen Stil erbaute Liebfrauenkirche mit ihrem hohen schmalen Turm, dessen Rundbögen auf die Romanik zurückgehen. Zur Ausstattung der Kirche gehört auch hier ein Barockaltar, der aus dem Jahr 1648 stammt. Einen Blick wert ist ferner die Buchbergkirche im **Ortsteil Kreuzberg** mit einem ausdrucksstarken Fresko einer stillenden Gottesmutter über dem Südportal. Ein reizendes Naturdenkmal ist der 50 Meter hohe Gainfeldwasserfall; er ist vom Zentrum in etwa einer halben Stunde zu Fuß erreichbar. Darüber liegt im Wald versteckt die Burgruine Bachsfall.

3

PRÄCHTIGER »PONGAUER DOM«

Sankt Johann im Pongau ist mit 11 300 Einwohnern die viertgrößte Stadt im Land Salzburg; sie ist Sitz der Bezirksverwaltung des Pongaus. Auf alte Bausubstanz trifft man in diesem Ort, der schon im 11. Jahrhundert erwähnt wurde, so gut wie gar nicht. Der Grund dafür ist, dass Sankt Johann im Jahr 1855 völlig niederbrannte. Der Wiederaufbau verlief schleppend: Um 1900 zählte man im Ort etwa genauso viele Häuser wie im Spätmittelalter. Heute merkt man davon nichts mehr, denn die Stadt zeigt sich ihren Besuchern als moderner aufstrebender Wirtschaftsstandort. Sie gilt daneben als Basis für Ausflüge ins Großarltal. Das »alte Viertel« erstreckt sich rund um die weithin sichtbare Dekanatspfarrkirche Sankt Johann. Ihr spätgotischer Vorgängerbau wurde beim Brand gänzlich zerstört. Sofort danach entstand auf ihren Fundamenten in sechsjähriger Bauzeit ein weitaus größeres Gotteshaus im neogotischen Stil. 1871 brach

◀ Die Säulen von St. Johann ▶ Mächtiger »Pongauer Dom«

◀ Pfarrkirche St. Vitus in St. Veit ▶ Die Liechtensteinklamm ist gut gesichert.

abermals ein Brand aus, wobei der Turm einstürzte. Daraufhin baute man zwei imposante, je 62 Meter hohe Türme, die das heutige Aussehen bestimmen. Wegen ihrer beeindruckenden Raumwirkung nennt man die Kirche – wenngleich nie Bischofssitz – auch »Pongauer Dom«. Sie ist ein 60 mal 30 Meter großer dreischiffiger Hallenbau mit einschiffigem Chor. Die Gewölbehöhe beträgt 20 Meter. Der mächtige Hochaltar hat die Form eines gotischen Schreins.

Vom südöstlich gelegenen **Alpendorf**, einem großen Ferien-Resort, führt eine Bergbahn zur kleinen, gemütlichen Obergaßalm-Hütte. Von dort sind es noch etwa 45 Minuten zu Fuß bis zur Gernkogelalm, wo der Erlebnispark Geisterberg für Familien mit Kindern jede Menge Vergnügungen bereithält. Der alpine Freizeitpark bietet unter anderem Luftschaukeln, Klettertürme, Wasserspiele und Zapfenschießbuden – Begegnungen mit Geistern wie »Gspensti« und »Spuki« mit eingeschlossen. Für Wanderfreunde empfiehlt sich eine zweistündige Tour von der Obergaßalm über die Gernkogelalm zum Sonntagskogel. Ein alternativer Rückweg führt via Grafenbergalm mit der Kabinenbahn hinunter nach Wagrain und von da mit dem Bus zurück zum Alpendorf.

DIE UNBÄNDIGE KRAFT DER NATUR

Lange bevor man die **Liechtensteinklamm** erblickt, ist das Tosen und Brausen der Wassermassen zu hören, die sich zwischen ihren senkrechten, teils überhängenden Felswänden ergießen. Die Großarler Ache hat sich hier bis zu 300 Meter tief in das Dolomitgestein gegraben. Der Bachlauf ist manchmal nur wenige Meter breit. Die Klamm erstreckt sich fünf Kilometer südlich von Sankt Johann über eine Länge von fast 4000 Metern, mehr als ein Viertel davon ist für die Besucher mithilfe von Holzstegen und Metalltreppen erschlossen. Gute, rutschfeste Schuhe sind dringend empfohlen. Seit 2020 überbrückt die in Spiralform angelegte Treppenanlage Helix

Die Treppenanlage Helix garantiert tiefe Einblicke.

etwa 30 Höhenmeter. Weiße Gischt umspült das Mikado der querliegenden Baumstämme, grün leuchtet das Moos auf Steinen und Wänden. Bis zu den tiefsten Stellen dringt nie ein Sonnenstrahl vor. Am Ende ergießt sich der wilde Strom in einem Wasserfall, der bei Sonnenschein in den schönsten Regenbogenfarben leuchtet. Seit dem 18. Jahrhundert wurde immer wieder damit begonnen, die Klamm für das Publikum zugänglich zu machen, doch jedes Mal ging das Geld aus. Daher bat man 1875 Fürst Johann II. von Liechtenstein (1840–1929), der in der Gegend Jagdgründe besaß, um Unterstützung. Der Fürst kam dem Ersuchen gerne nach: Er spendete 600 Gulden, worauf die Erschließung vollendet werden konnte. Aus Dankbarkeit bekam die Klamm seinen Namen. Fürs leibliche Wohl sorgt am Eingang das Gasthaus Klammwirtin. Mehr als 220 000 Menschen besuchen jährlich die spektakuläre Wildwasserschlucht.

Der Luftkurort Sankt Veit im Pongau erhebt sich sieben Kilometer südwestlich von Sankt Johann auf einem Plateau 200 Meter über dem Salzachtal. Knapp unterhalb empfängt der gepflegte Campingplatz Sonnenterrassen das ganze Jahr über Urlaubsgäste. Die 3450-Seelen-Gemeinde und ihre Umgebung sind wegen des Klimas ein traditionelles Erholungsziel. Das Hochkönigmassiv verhindert, dass kalte Nordwinde bis hierher vordringen können. Warme Südwinde aus dem Gasteiner- und Großarltal strömen dagegen ungehindert nach Sankt Veit und Umgebung. Da es im Südosten und Südwesten keine hohen Berge gibt, sind auch im Winter viele

3

Sonnenstunden garantiert. Schmucke Häuser und Gasthöfe umgeben den Marktplatz. An seinem Westende lohnt ein Blick in die gotische Pfarrkirche Sankt Vitus mit ihrer farbenfrohen Ausstattung und den drei Altären. Sie ist das einzige vierschiffige Gotteshaus im Salzburger Land. Der Kunsthistoriker Franz Prinz zu Sayn-Wittgenstein befand vor 50 Jahren: »Es ist eine lustige, gemütliche Kirche, in der man sich wohlfühlt. Wer da oben Pfarrer ist, mit dem hat es der Herrgott gut gemeint, denn man möchte meinen, dass die Welt hier noch intakt ist.«

Tipp

Die Jagd im Pongau hat eine ausgesprochen lange Tradition. Die Tiere führen in den dichten Wäldern mit ihrer reichhaltigen Flora aus Kräutern und Blüten ein sehr gesundes Leben. Innovative Metzger verarbeiten das Fleisch zu herausragenden Produkten, welche die Köche der »Wilden Wirte« weiter veredeln. Zu diesen Mitgliedsbetrieben zählt beispielsweise das Restaurant Metzgerwirt in Sankt Veit (pongauerwild.at).

AUF DEN SPUREN VON THOMAS BERNHARD

Das liebevoll eingerichtete und engagiert geführte Seelackenmuseum ist Heimatmuseum und literarische Gedenkstätte zugleich. Man erfährt nicht nur viel über das traditionelle Leben in der Region, wie etwa den Krampus-Brauch, sondern auch über den Schriftsteller Thomas Bernhard. Der sowohl oft geschmähte als auch von vielen geschätzte Dichter Thomas Bernhard war zwischen 1949 und 1951 Patient in der hiesigen Lungenheilstätte. Nach seiner Genesung verbrachte er fast jeden Sommer seinen Urlaub in Sankt Veit. Das Museum ist in einem denkmalgeschützten Bauernhaus aus dem Jahr 1738 eingerichtet, das aus Schwarzach stammt und 1994 hierher umgesiedelt wurde. Um den Ort, der im Winter auch als Langlaufzentrum bekannt ist, führen viele Wanderwege, wie etwa der Thomas-Bernhard-Rundwanderweg; dieser verbindet Bernhards literarische Stationen und gewährt mittels Schautafeln Einblicke in sein Leben (Gehzeit 1 Std.). Eine weitere beliebte Strecke ist der Ruheoaseweg zum **Hochglocker**. Ruheinseln aus Holzliegen und Tischen begleiten Ihn. Es ist eine Gipfelwanderung, die keine großen Kraftanstrengungen erfordert und dennoch, oben angekommen, eine herrliche Aussicht bietet. Diese reicht

3

vom Sonnblick über das Heukareck bis zum Tennengebirge. Startpunkt ist der Parkplatz Kinderalm. Da es auf dem Weg zum Hochglocker keine Hütte gibt, empfiehlt sich für Hunger- und Durstgeplagte beim Abstieg ein etwa halbstündiger Umweg zur Pronebenalm. Das gastronomische Angebot der Hütte genießt weithin einen hervorragenden Ruf.
Wer in den Ferien keinen Trubel mag, ist im idyllischen Ort Goldegg genau richtig. Dieser liegt auf einem Plateau an einem Moorsee, der sommerliche Badefreuden verheißt. Die Berge, der Kirchturm und Schloss Goldegg spiegeln sich im Wasser. Im 1323 erbauten Schloss ist das Pongauer Heimatmuseum untergebracht. Sein Renaissancesaal gilt als einer der schönsten in Österreich. Das Großarltal südlich von Sankt Johann wartet mit mehr als 40 bewirtschafteten Almen auf, weshalb man es auch als das »Tal der Almen« bezeichnet. Sie sind in der Regel von Mitte Juni bis

Sag's mit Blumen – Vorgarten in St. Veit

Das fesche Pärchen wirbt für den »Salzburger Bauernherbst«.

Mitte September auf Gäste eingestellt. Die kulinarischen Schmankerln einschließlich edler Brände stammen stets aus eigener Produktion. Zu jeder Brettljause im Tal gehört der Sauerkäse. Der »Sauakas« ist eine Art von Graukäse, der ohne Zusatz von Lab oder anderen Hilfsmitteln vier bis sechs Wochen lang reift. Man isst ihn mit Brot und viel Butter, da er recht trocken ist. Köstlich schmeckt auch die Variante mit Essig, Öl und Zwiebeln. Über das Leben auf der Alm informiert das liebevoll gestaltete Talmuseum in Hüttschlag am Talende vor der Kulisse des mächtigen Keeskogels. Neben einer interaktiven Ausstellung lassen sich auf dem Museumsgelände unter anderem eine Trachtenstube, eine historische Mühle und eine Schnapsbrennhütte bestaunen. Hüttschlag zählt im Übrigen zu den österreichischen Bergsteigerdörfern, die sich sehr für den sanften Tourismus einsetzen.

Tipp

Auch das Kleinarltal wartet mit einem Bauernhofmuseum auf. In Wagrain-Kleinarl hat die Betreiberfamilie Sampl zusammen mit dem Kulturverein »Blaues Fenster« zahlreiche Einrichtungsgegenstände zusammengetragen, welche die Tradition der Salzburger Bergbauern lebendig veranschaulichen. Die ältesten Stücke sind bis zu 350 Jahre alt. Prima stärken kann man sich in der nahe gelegenen Edelweiss-Alm (edelweiss-alm.com).

AUF EINEN BLICK

Info

STADT/REGION: Sankt Johann im Pongau
BESTE REISEZEIT: Juni bis September und Dezember bis März
OPTIMALE REISEDAUER: 4 Tage
TOURISTINFO: Tourismusverband St. Johann, Ing.-Ludwig-Pech-Straße 1, 5600 St. Johann im Pongau, Tel. +43/6412/60 36, josalzburg.com

SEHENSWÜRDIGKEITEN

ERZ DER ALPEN UNESCO GLOBAL GEOPARK: Rosental 41, 5500 Bischofshofen, Tel. +43/6462/202 91, geopark-erzderalpen.at
LIECHTENSTEINKLAMM: Liechtensteinklammstraße 123, 5600 St. Johann, Tel. +43/6412/60 36, josalzburg.com
SEELACKENMUSEUM: Museumsweg 1, 5621 St. Veit im Pongau, Tel. +43/660/122 88 55, seelackenmuseum.at
TALMUSEUM HÜTTSCHLAG: 5612 Hüttschlag 19, Tel. +43/6417/445, talmuseum.at

SONNENTERRASSEN CAMPING

ADRESSE: Bichlwirt 12, 5621 St. Veit im Pongau, Tel. +43/6415/573 33, camping-stveit.at
ANFAHRT: Aus Richtung St. Johann auf der B 311 nach 4 km rechts halten, dann an der Ausfahrt St. Veit abzweigen und im Kreisverkehr die erste Ausfahrt nehmen. Über die St. Veiter Straße geht es zum Ziel auf der rechten Seite.
GPS: 47.3249, 13.16643
Der lang gezogene Terrassenplatz unterhalb des Ortes zwischen Wald und mäßig befahrener Straße ist von Dauercampern geprägt. Es gibt auf dem Gelände nur wenige schattenspendende Bäume. Die familiär geführte Anlage mit 44 Touristenplätzen verfügt über erstklassige sanitäre Einrichtungen, darunter ein Babybadezimmer – Waschmaschine und Trockner, Bügelbrett, Bügeleisen und Wäscheständer sind ebenfalls vorhanden, genauso wie ein kleiner Kiosk (Brötchenservice) und ein Spielraum für die Kleinen.

◀ Die Berge immer im Blick ▲ Sonnenterrassen Camping
▼ Spektakuläre Liechtensteinklamm

CAMPING KASTENHOF

ADRESSE: Kastenhofweg 6, 5600 St. Johann im Pongau, Tel. +43/6412/54 90, camping-kastenhof.at
ANFAHRT: Auf der A 10 bis Abfahrt Bischofshofen, weiter auf der B 311 bis St. Johann, dort Abfahrt Alpendorf-Großarl, dann auf der Alpendorfstraße über die Brücke und die zweite Straße links in die Liechtensteinklammstraße einfahren; nach ca. 150 m wieder links abbiegen zum Kastenhof.
GPS: 47.34135, 13.1981
Kleines, gepflegtes Wiesengelände am Tauernradweg mit tollem Blick auf die Berge, dazu in Gehweite zum Zentrum mit Geschäften und Restaurants. Der von Dauercampern geprägte Platz verfügt über 30 Touristenparzellen und sehr gute Sanitäranlagen, ausgestattet unter anderem mit einem Kinderbad. Es gibt auch einen schönen Spielplatz. Camping Kastenhof ist ein idealer Ausgangspunkt für Wander- und Mountainbiketouren. Die Distanz zur Haltestelle des kostenlosen Skibusses beträgt 200 m.

TENNENGAU UND TENNENGEBIRGE

Ein- und Ausblicke zwischen Hallein und Sankt Martin

Aussicht von Camping Vierthaler auf das Tennengebirge mit Hochthron (rechts)

4

Salz aus Hallein und Gold aus der Tauernregion machten das Erzbistum Salzburg einst wohlhabend. Auch heute hat Hallein als zweitgrößte Stadt des Bundeslandes eine große wirtschaftliche Bedeutung. Doch sobald man den Betrieben in den Industriezonen im Salzachtal den Rücken gekehrt hat, empfängt einen eine wunderbare Alpenlandschaft mit schönen Kulturdenkmälern.

Der Salzabbau am **Dürrnberg** bei **Hallein** wurde anno 1191 zum ersten Mal schriftlich festgehalten, 1989 war er Geschichte. Seine Anfänge reichen jedoch viel weiter zurück: Sehr wahrscheinlich begannen keltische Siedler etwa 700 vor Christus mit der Förderung des »weißen Goldes«. Die erste Blütezeit endete mit dem Vordringen der Römer um das Jahr 15 vor Christus. Unter Erzbischof Adalbert III. von Böhmen ging es mit der Produktion in den Dürrnberger Salzlagern ab dem 13. Jahrhundert wieder steil aufwärts. Der Salzhandel und -transport auf der Salzach füllte die Geldsäcke der Salzburger Erzbischöfe und mehrte deren Einfluss. Mit dem kostbaren Gut gewann auch Hallein, das »kleine Hall«, an Bedeutung und das Einkommen seiner Bürger wuchs stark an – zu sehen im historischen Kern mit seinen prächtigen Häusern im farbenfrohen Inn-Salzach-Stil. Die Altstadt gehört zu den am ursprünglichsten erhaltenen Altstädten in Österreich. Sie begeistert mit verwinkelten Gässchen und freundlichen Plätzen mit traditionellen Gasthöfen und modernen Straßencafés. Der Blick fällt auf fein herausgeputzte Barockfassaden, verwitterte Tore und alte Statuen. Auf dem Kornsteinplatz findet freitagnachmittags ein Biomarkt und am Samstagmorgen der sogenannte Grünmarkt statt. An der Nordseite der Pfarrkirche ruht der Komponist Franz Xaver Gruber (1787–1863), der 1818 die Melodie zu »Stille Nacht, heilige Nacht« verfasste. Den Text zum berühmtesten Weihnachtslied der Welt schrieb 1816 Joseph Mohr, ein Priester und Dichter. Im Wohnhaus des Komponisten gegenüber der Kirche zeigt das **Stille-Nacht-Museum** unter anderem jene Gitarre, auf der Gruber das Lied bei der Uraufführung an Weihnachten 1818 in Oberndorf bei Salzburg begleitete. An jener Stelle, wo der Almbach in die Salzach fließt, erstreckt sich mitten im Fluss die **Pernerinsel** mit der bis 1989 genutzten Saline. Die alte Industriestätte ist heute ein beliebter Veranstaltungsort, etwa für Theateraufführungen im Rahmen der Salzburger Festspiele.

4

Die Touristinfo befindet sich nebenan. Am linken Salzachufer gegenüber der Pernerinsel vermittelt das Keltenmuseum mit Gräberfunden aus der Eisenzeit und Überresten des prähistorischen Bergwerks faszinierende Einblicke in das Leben der ersten Siedler. Diese fertigten Lederschuhe aller Art – von Bergwerksstiefeln bis zu modischen Schnabelschuhen. Die Hutmacher erzeugten Kopfbedeckungen aus wasserabweisender Birkenrinde. Als ein Glanzstück der Dürrnberger Schmiedekunst gilt eine 2500 Jahre alte Schnabelkanne, hergestellt aus einem Stück Bronzeblech. Der Henkel zeigt eine Darstellung von Taranis, einem der drei höchsten Gott in der keltischen Mythologie.

PROMINENTE BEI DER ERÖFFNUNG

An der Kirche vorbei gelangt man über die Ferchlstraße zur Freitreppe des einstigen Augustinerklosters. Danach geht es weiter über Schützengasse und Riesenschmiedstraße zur Knappenkapelle und zum Knappensteig, dem ehemaligen Verbindungsweg der Bergknappen zwischen der Stadt

Stärkung im Schatten am Gasthaus Stadtkrug in Hallein

Hauptstraße in Golling mit bis zu 400 Jahre alten Häusern

und den Salzminen im Ortsteil Bad Dürrnberg. Er stellt für die Besucher der Stollen eine Alternative zur Straße dar. Das Salzbergwerk »Salzwelten« gehört zu den landesweiten Top-Attraktionen. Die Öffentlichkeit wurde bereits im 18. Jahrhundert eingeladen, die Anlagen zu besichtigen – zunächst natürlich die bekannten Persönlichkeiten von damals, darunter der deutsche Forschungsreisende Alexander von Humboldt und der österreichische Kaiser Franz II.

Die britische Reiseschriftstellerin Frances Trollope (1779–1863) richtete an ihre Leser die mahnenden Worte: »Nur diejenigen, die sich auf ihr unerschrockenes Herz verlassen können, dürfen es wagen, mir in das Innere des Dürrnbergs zu folgen …« – ein raffinierter Kniff, um die Sehnsucht auf ein Abenteuer zu wecken. Per Floß etwa überqueren die Besucher einen illuminierten Salzsee, eine Stelle verweist auf die Leichenfunde zweier prähistorischer Knappen im 16. und 17. Jahrhundert. Oberhalb des Bergwerks erhebt sich die frühbarocke Wallfahrtskirche Maria Himmelfahrt, erbaut aus rötlich schimmerndem Marmor aus dem Nachbarort Adnet. Sie besitzt ein Gnadenbild einer von schwebenden Engeln umrankten Madonna aus dem Jahr 1616. Der Marmor fand unter anderem auch Verwendung im Stephansdom in Wien. Seine über 2000-jährige Geschichte beleuchtet das Marmormuseum im Gemeindeamt des Ortes, ein Rundwanderweg durch das Steinbruchgelände veranschaulicht die modernen Gewinnungsmethoden des wertvollen Naturschatzes.

Pfundig: Oberau an der Rossfeld-Panoramastraße

Tipp

Eine wunderschöne Rundfahrt mit dem Wohnmobil lässt sich von Bad Dürrnberg aus auf der rund 16 Kilometer langen »Rossfeld-Panoramastraße« hinüber ins Berchtesgadener Land unternehmen. Die gebührenpflichtige Strecke gewährt herrliche Ausblicke etwa auf den Hohen Göll, den Watzmann und die Stadt Salzburg.

WASSER VON OBEN UND VON UNTEN

Wer sich **Golling** nähert, verlässt endgültig das Salzburger Becken. Die Berge schieben sich bis fast an den Ort, weshalb es hier in der Regel häufiger und heftiger regnet als weiter nördlich um Hallein – Stichwort: Sommergewitter. Das Gebiet um Golling an der Salzach – so der offizielle Name – wurde ebenfalls, soweit man weiß, erstmals von den Kelten besiedelt. Später bauten die Römer einen Wachturm an der Stelle der heutigen Burg; der nahe Pass Lueg war von der Antike bis zu der Eröffnung der Tauernautobahn in den 1970er-Jahren eine wichtige Transitverbindung. Golling glänzt ebenfalls mit schönen Bürgerhäusern aus dem 17. und 18. Jahrhundert. In der Burg ist ein Heimatmuseum untergebracht. Der ehemalige Nebensitz der Salzburger Fürstbischöfe wurde oft angegriffen, geplündert und beim Salzachhochwasser 1573 durch Unterspülungen arg beschädigt. Vielbesucht ist das kinderfreundliche Wellnessbad Aqua Salza; es verfügt über einen Wohnmobilstellplatz in Autobahnnähe. Von ihm aus sind sowohl die Innenstadt als auch die Burg und die größte Attraktion, der **Gollinger Wasserfall**, gut zu Fuß zu erreichen. Der Wasserfall befindet sich etwa drei Kilometer westlich im Weiler Lacher. Er besteht aus zwei Fällen, die hintereinander liegen. Der Schwarzbach, der hier insgesamt 100 Meter tief über Felsen stürzt, soll sich aus dem bayerischen Königssee speisen, was bislang nicht bewiesen ist. Auf einem Hügel vor dem Parkplatz des Wasserfalls steht die spätgotische Wallfahrtskirche Sankt Nikolaus mit der ältesten noch spielbaren Orgel im Salzburger Land. Diese stammt aus dem Jahr 1613.

Ein paar Kilometer südlich thront die gewaltige **Burg Hohenwerfen** auf einem 700 Meter hohen Berg über dem Salzachtal. Sie gehört zu den meistbesuchten Burgen in Österreich. Attraktionen sind unter anderem die zahlreichen Veranstaltungen wie Mittelalterfeste mit Handwerkermarkt, Gaukler- und Ritterspielen – dazu die täglichen Flugvorführungen von Greifvögeln des österreichischen Landesfalkenhofs. Die Festung diente auch unter dem fiktiven Namen »Schloss Adler« als Kulisse im Kriegsfilm »Agenten sterben einsam« (1968) mit Clint Eastwood und Richard Burton

Besuchermagnet Burg Hohenwerfen

4

sowie in weiteren Produktionen, darunter Märchenfilmen. Bauherr war 1075 der Salzburger Erzbischof Gebhard. Etliche Anbauten kamen hinzu. Doch bei den großen Bränden in den Jahren 1525 und 1931 wurde vieles wieder vernichtet: Bei Letzterem zerstörte ein Schwelbrand die gesamte Innenausstattung. Lediglich das Fürstenzimmer ließ man rekonstruieren, weshalb kunsthistorisch interessierte Besucher vom Inneren enttäuscht sein dürften.

IM EISIGEN INNEREN DER BERGE

Im Südwesten des angrenzenden Tennengebirges stieß 1879 Anton von Posselt-Czorich, ein Salzburger Naturforscher, auf einen Höhleneingang. Drinnen kam er aber nicht weit und musste umkehren. Das Ganze geriet zunächst fast in Vergessenheit. Erst 1913 gelang es dem jungen Forscher Alexander von Mörk, weiter ins Innere vorzudringen. Dort entdeckte er Seen und Eishallen. Mörk aber fiel mit nur 27 Jahren im Ersten Weltkrieg

Der Blick nach Bayern zur Kneifelspitze

Rußbach am Pass Gschütt hinüber nach Gosau

und wurde nach seinem Wunsch in der Höhle bestattet. Der Anwalt Friedrich Oedl finanzierte weitere Erkundungen, was mit dem Aufspüren eines 42 Kilometer langen Höhlensystems belohnt wurde. Das Eis wächst im Winter, wenn kalte Luft in die Höhle einströmt und im Frühjahr Wasser durch die Spalten dringt. Vom Parkplatz der heutigen »Eisriesenwelt« geht es zunächst teils auf Stufen zur Wimmerhütte in 1076 Metern Höhe. Von da fährt eine Seilbahn zum Oedlhaus. Nach einem weiteren Anstieg um 80 Höhenmeter durch eine Galerie ist der Höhleneingang erreicht, wo für die Gäste eine 75-minütige Führung beginnt.

Pfarrwerfen wartet nicht nur mit einem engagiert geleiteten Campingplatz auf, sondern auch mit der schönen Pfarrkirche Sankt Cyriak. Hervorzuheben sind unter anderem die farbenprächtigen Fenster, der mehrfach erweiterte Hochaltar aus dem 17. Jahrhundert und das monumentale Christophorus-Fresko. Eine Besonderheit stellt der Schwibbogengang zwischen Kirche und Pfarrhof dar. Um Pfarrwerfen führt der Sieben-Mühlen-Weg zu den hiesigen Gemachmühlen – privat betriebenen Mühlen, die im Mittelalter vom Mühlenzwang befreit waren. Die Pfarrwerfener Filialkirche Mariä Himmelfahrt in **Pöham**, neu errichtet 1928, überrascht durch ihre geschlossene barocke Inneneinrichtung; diese stammt aus dem Vorgängerbau.

»Aktivdorf« St. Martin am Tennengebirge mit Gasthof Post (rechts)

OBERHALB VON PFARRWERFEN bietet sich Werfenweng als guter Ausgangspunkt für Wanderungen ins Tennengebirge an. Von Zaglau führt eine Kabinenbahn auf die Bischlinghöhe mit freundlichem Berggasthof. Besonders beliebt ist die einfache Tour über die Heinrich-Hackel-Hütte und den Steinergraben zurück zur Bergbahn-Talstation (3,5 Std.).

RIESENBÄUME VOR ZAUBERHAFTEM KARSTGEBIRGE

Östlich von Pöham zweigt die Straße links nach **Sankt Martin am Tennengebirge** ab. Der Ort nennt sich Aktivdorf und zeichnet sich durch seine schöne Lage mit Blick auf die Kalkberge aus. Wegen des weißen Gesteins wird das Tennengebirge oft als die Salzburger Dolomiten bezeichnet. Bekannt ist Sankt Martin für den Lammertaler Urwald mit besonders alten und hohen Bäumen. Unter ihnen befindet sich eine 300 Jahre alte, rund 50 Meter hohe Tanne. Man erreicht das Reservat am besten vom Spießalm-Parkplatz im nachfolgenden Lungötz aus. Die Gehzeit von dort beträgt eine Stunde. Ein beliebtes Wanderziel ist auch die Schwarze Lacke, ein Hochmoorsee im Naturschutzgebiet Gerzkopf. Der Weg (Nr. 97) dorthin beginnt am Seepark in Sankt Martin. Sehr gute Küche und sehr guten Service dürfen die Gäste im Gasthof Post im Zentrum erwarten; das Haus besteht seit 1652. **Annaberg-Lungötz** ist Ausgangspunkt für Wandertouren in den Gosaukamm. Empfehlenswert ist auch die Wanderung von Lungötz über die Gappenalm auf den Gappenkopf. Annaberg ist im Übrigen die Heimat des ehemaligen, äußerst erfolgreichen Skirennläufers Marcel Hirscher, der unter anderem acht Gesamtweltcup-Siege errang. Er beendete seine Karriere 2019. Der Wander -und Wintersportort Abtenau befindet sich an der Nordostseite des Tennengebirges. Besuchenswert ist in erster Linie die gotische Pfarrkirche Sankt Blasius mit ihrem Hochaltar aus dem Jahr 1518 von Andreas Lackner, dem Hauptwerk des bekannten Meisters aus Hallein. Sehr außergewöhnlich ist die Pfeilerfigur eines molligen Jesuskindes mit dem Namen »s´ foaste Kindl«. Eine sehr schöner Erlebnis-Rundweg führt vom Ortsteil Au zur Aumühle und weiter zum Trickl- und Dachserfall (Gehzeit 75 Min.).

IN OBERSCHEFFAU ERSTRECKT sich die Lammerklamm, auch Lammeröfen genannt. Die Klamm ist etwa 50 Meter tief und 1000 Meter lang. Kaum ein Sonnenstrahl dringt bis zu ihrem Grund vor. Sie gehört zu den eindrucksvollsten Schluchten im Salzburger Land. Der Zugang zum gesicherten Steig erfolgt vom Parkplatz am oberen Ende direkt an der Straße (Gehzeit hin und zurück 1 Std.)

Müde Füße? Ein Bad in der Lammer hilft garantiert.

AUF EINEN BLICK

Info

STADT/REGION: Hallein/Tennengau
BESTE REISEZEIT: Mai bis September
OPTIMALE REISEDAUER: 3 Tage
TOURISTINFO: Gästeservice Tennengau, Mauttorpromenade 8, 5400 Hallein, Tel. +43/6245/700 50, tennengau.com

SEHENSWÜRDIGKEITEN

SALZWELTEN HALLEIN: Ramsaustraße 3, 5422 Bad Dürrnberg, Tel. +43/6132/200 85 11, salzwelten.at
ROSSFELD PANORAMASTRASSE: Rossfeldstraße, 83471 Eck, Tel. +49/8652/28 08, rossfeldpanoramastrasse.de
KELTENMUSEUM HALLEIN: Pflegerplatz 5, 5400 Hallein, Tel. +43/6245/807 83, keltenmuseum.at
AQUA SALZA: Möslstraße 109, 5440 Golling, Tel. +43/6244/20 04 00, aqua-salza.at

VITALCAMPING OBERWÖTZLHOF

ADRESSE: Erlfeld 37, 5441 Abtenau, Tel. +43/6243/26 98, oberwoetzlhof-camp.at
ANFAHRT: Aus Richtung Golling auf der B 162, der Lammertalstraße, kurz vor dem Zentrum links in den Erlfeldweg einbiegen
GPS: 47.58596, 13.32488
Das zwei Hektar große Gelände mit einzelnen hohen Bäumen bietet 50 Touristenplätze auf Stufen auf einer Anhöhe an einem Bauernhof. Die sanitären Einrichtungen sind vorbildlich, im Sommer steht ein kleiner Pool bereit. Von den Stellplätzen bietet sich ein herrliches Bergpanorama. Es gibt einen Brötchenservice. Die Entfernung zum nächsten Gasthof oder Imbiss beträgt 1,5 km, zur nächsten Einkaufsmöglichkeit 2,5 km. Zur Haltestelle des Skibusses sind es nur ein paar Schritte. Ein besonderes Angebot von Vitalcamping Oberwötzlhof sind Almfahrten mit einem Pinzgauer-Allradfahrzeug zur eigenen Hütte auf der Postalm. An den Ausflügen können bis zu acht Personen teilnehmen.

◀ Mariä Himmelfahrt Pöham ▲ Camping Vierthaler
▼ Rossfeld-Panoramastraße

CAMPING VIERTHALER

ADRESSE: Reitsam 8, 5452 Pfarrwerfen, Tel. +43/6468/56 57, camping-vierthaler.at

ANFAHRT: Auf der A 10 (Tauernautobahn) bis Ausfahrt Pfarrwerfen (Nr. 44), dann 2 km in Richtung Süden am linken Salzachufer (Einfahrt beschildert)

GPS: 47.44297, 13.20991

Kleiner, einfach ausgestatteter, seit 1955 bestehender Familienbetrieb in reizvoller landschaftlicher Lage auf schmalem Wiesengelände am Salzachufer mit weitem Ausblick auf das Tennengebirge. Die sanitären Einrichtungen sind gepflegt und sauber, jedoch teilweise beengt. Der Verkehrslärm der nahen vielbefahrenen Tauernautobahn und der Bahnlinie stört wenig; das Rauschen der Salzach übertönt ihn. Da der Platz vorwiegend von einmaligen Übernachtungsgästen besucht wird, und er sich daher am Abend schnell füllt, empfiehlt sich die Anreise vor 16 Uhr. Aufgrund seiner günstigen Lage direkt am Tennengebirge eignet sich Camping Vierthaler auch sehr gut als mehrtägiges Basislager für Bergtouren im Tennengebirge und Ausflüge in den Tennengau (Reservierungen ab drei Nächten möglich). Der Tauernradweg führt ebenfalls vorbei

SALZBURG

Stadt mit Geschichte

Müllner Steg mit Müllner Pfarrkirche im Hintergrund

5

Salzburg präsentiert sich als barockes Gesamtkunstwerk. Weite Plätze wechseln mit engen, seit vielen Jahrhunderten bestehenden Gassen und Hausdurchgängen. Vom Residenzplatz im Herzen der Altstadt geht es hinauf zur Hohensalzburg und wieder zurück zur Getreidegasse, wo 1756 im Haus Nummer 9 Wolfgang Amadeus Mozart das Licht der Welt erblickte.

Gut 1000 Jahre lang (798–1803) residierten in Salzburg die Erz- und Fürsterzbischöfe. Der Abbau von Salz in den nahen Bergen schenkte dem Ort seinen Namen, gleichzeitig förderten die Knappen auch Gold und Silber aus den Salzminen, was den Kirchenoberen einen wahren Münzregen bescherte. Gleichwohl belegte der Klerus das Volk mit hohen Abgaben. Dazu regierte er mit harter Hand, entschied über die Höhe des Armeeetats und vergab Bauaufträge in großem Stil. Dennoch war sein politischer und militärischer Einfluss auf europäischer Ebene eher gering. Gründe dafür waren unter anderem die dezentrale geografische Lage, die überschaubare Größe des Bistums und der magere Ertrag der Böden. Die Alpen erschwerten den Handel mit den fruchtbaren Ländern im Süden. Weiter östlich bestimmte Wien die Politik – und schließlich schmälerte eine Welle von Stadtgründungen im 11. und 12. Jahrhundert die Macht der geistlichen Fürsten an der Salzach. Den schönen Künsten zugetan setzten diese einen anderen Schwerpunkt: Sie förderten den Aufstieg zur Kulturmetropole. Alle Welt verbindet ihren Namen sofort mit Wolfgang Amadeus Mozart, dem größten Sohn der Stadt. Schriftsteller wie Stefan Zweig oder Erich Kästner verfassten immer wieder Loblieder auf dieses Siedlungsjuwel, an dem Berge und Flachland aufeinandertreffen und eine feste Einheit bilden. Wer von den umliegenden Höhen auf das »Rom des Nordens« hinabschaut – auf die Dächer, Kirchen und Paläste mit ihren heiteren Farbtönen –, kann die literarischen Liebeserklärungen an Salzburg sehr gut verstehen. »Man sieht eine Symphonie ...«, schrieb etwa Kästner. Schloss Mirabell rechts der Salzach ist indes ein eher nüchtern gestalteter Bau mit klassizistischen Formen. Sehenswert sind vor allem der Marmorsaal und die Stiege aus künstlichem Marmor. Viele Besucher kommen nur wegen des schönen Schlossgartens, in dem sich etwa das Große Gartenparterre oder der Zwerglgarten mit grotesken Gnomfiguren befindet.

5

Tipp

Die Salzburg Card bietet den Gästen unter anderem einmalige Gratis-Eintritte in alle Sehenswürdigkeiten und Museen, kostenfreie Nutzung des öffentlichen Nahverkehrs (ausgenommen S-Bahn) und viele Ermäßigungen. Die Karte ist für 24, 48 oder 72 Stunden erhältlich; man kann sie entweder in der Digitalversion online buchen oder im Scheckkartenformat bei diversen Stellen erwerben. Weitere Auskünfte unter salzburg.info oder Tel. +43/662/88 98 70.

RIESIGE BRUNNENSKULPTUREN

Häufiger Ausgangspunkt eines Rundgangs durch die Altstadt ist der weitläufige **Residenzplatz**. Seine Mitte ziert seit 1661 ein monumentaler Barockbrunnen, der größte seiner Art in Mitteleuropa. Schöpfer war

Fiakerrundfahrten starten täglich am Residenzplatz.

Michaelskirche, Barockbrunnen und Neue Residenz (v. l. n. r.)

angeblich ein lombardischer Bildhauer mit Namen Tommaso di Garona oder Tommaso Allio – mutmaßlich handelt es sich um dieselbe Person. Die Figuren zeigen wasserspeiende Rösser, beckenstemmende Muskelmänner und Triton, den griechischen Meeresgott, der in ein Muschelhorn bläst. Die **Neue Residenz**, das ehemalige Gästehaus der Erzbischöfe, gab es bereits vorher: Sie entstand 1602 östlich davon am Übergang zum **Mozartplatz**. Im zweiten Obergeschoss gewähren die Dauerausstellungen »Mythos Salzburg« und »Musikstadt Salzburg« spannende Einsichten von den Anfängen der Stadt bis heute. Sie schildern, dass die Erzbischöfe absolutistisch herrschten und dem Volk keinerlei Mitspracherecht einräumten. Als die Bürger, Bauern und Bergleute sich zum Aufstand erhoben, wurde er niedergeschlagen.

Das 26 Meter breite und fünf Meter hohe Salzburg-Panorama des Malers Johann Michael Sattler (1786–1847) im Panoramamuseum am Residenzplatz zeigt einen Überblick über die Stadt an einem schönen Septembertag. Nach der Fertigstellung des Rundgemäldes ging Sattler damit auf Werbetour durch Europa und legte so den Grundstein für Salzburgs Ruf als romantischen Sehnsuchtsort. In der Mitte des Mozartplatzes erhebt sich das Mozartdenkmal, an dessen Einweihung 1842 die beiden Söhne des Musikers teilnahmen. Zwischen Residenz und **Waagplatz** steht die **Michaelskirche**, die älteste Pfarrkirche der Salzburger Bürgerschaft. Die Ursprungskapelle der Rokokokirche wurde vermutlich bereits im siebten

St.-Michaels-Kirche, das älteste noch bestehende Gotteshaus

oder achten Jahrhundert errichtet. Bis zum Mittelalter war sie eine Doppelkirche, das heißt, dass ein Teil dem Kaiser und seinem Gefolge vorbehalten und ein Teil für die Bürger bestimmt war. Ein eindrucksvolles Gemälde, das den Erzengel Michael darstellt, als er Luzifer besiegt, ziert den Hauptaltar. Zu den schönsten Details im Innenraum gehört das Abschlussgitter, ein Werk des Hofschlossermeisters Philipp Hinterseer, seinerzeit einer der bekanntesten Kunstschmiede.

HÖHER, GRÖSSER, SCHÖNER

Der Fürsterzbischof Wolf Dietrich von Raitenau regierte von 1587 bis 1612 das Erzstift Salzburg. Er beauftragte den italienischen Architekten Vincenzo Scamozzi mit den Planungen für einen neuen repräsentativen Dom als Ersatz für die durch einen Brand zerstörte romanische Basilika. Doch die Pläne für die erste Kirche nördlich der Alpen im Frühbarockstil stockten, als 1612 bayerische Truppen in Salzburg einfielen und man von Raitenau in der Festung Hohensalzburg gefangen hielt. Sein Nachfolger Markus Sittikus legte zwei Jahre später den Grundstein für ein deutlich kleineres Bauwerk nach den geänderten Entwürfen des italienischen

Baumeisters Santino Solari. Die Einweihung des Doms erfolgte nach nur 14 Jahren Bauzeit. Seine Grundfläche misst dennoch stolze 101 mal 68 Meter. Die beiden mächtigen, 81 Meter hohen Vierecktürme wurden erst 40 Jahre später vollendet. An der Westfassade wachen übermannsgroße Marmorstatuen: die Heiligen Rupert und Virgil sowie die Apostel Petrus und Paulus. Die massiven Bronzeportale sind quasi neu, sie entstanden in den 1950er-Jahren; ihre Motive symbolisieren die göttlichen Tugenden Glaube, Liebe und Hoffnung. Das Langhaus ist 32 Meter hoch, die Deckengemälde stammen zum Teil von Ignazio Solari, dem Sohn des Baumeisters. Die 71 Meter hohe Kuppel schmücken Fresken des Florentiner Malers Donato Mascagni. Den Hochaltar schuf sehr wahrscheinlich 1628 ebenfalls der Hofarchitekt und Bildhauer Santino Solari.
Durch die Dombögen gelangt man zum **Domplatz** mit der Mariensäule im Mittelpunkt, erstellt 1771 von den heimischen Brüdern Hagenauer. Das von Fassaden umschlossene Areal ist seit 1920 jedes Jahr Schauplatz der Festspielaufführung von Hugo von Hofmannsthals »Jedermann«. An der Südseite des Doms verläuft der große **Kapitelplatz**. Er war früher ausschließlich den Geistlichen vorbehalten, heute bildet er im Sommer den perfekten Rahmen für Open-Air-Veranstaltungen. Mit der Gründung des Stifts Sankt Peter westlich des Platzes durch den heiligen Rupert im Jahr 696 beginnt die Geschichte Salzburgs. Das Kloster ist größtenteils für die Öffentlichkeit nicht zugänglich, aber die Stiftskirche – zu erreichen über den mittleren Hof – steht für Besucher offen. Abt Beda Seeauer ließ

◀ Wasserspeiendes Pferd am Barockbrunnen ▶ Kiosk in der Dompassage ihren Innenraum um 1775 im Rokokostil neu gestalten. Seither überziehen verspielte Stuckarbeiten und farbenprächtige Bilder Decken und Wände. Säulen aus rotgesprenkeltem Adneter Marmor und mit Blattgold verzierte Statuen umgeben die 16 Altäre. Neben dem Gotteshaus verwöhnt das »Stiftskulinarium Peter« in stimmungsvollem Ambiente unter Arkaden seine Gäste mit delikaten Gaumenfreuden. Der Stiftskeller besteht seit dem Jahr 803 und ist somit das angeblich älteste Restaurant in Europa.

Tipp

Knuspriges Schwarzbrot aus Natursauerteig nach uraltem Rezept – hergestellt mit selbst gemahlenem Mehl – und ofenwarme Brioche-Brötchen bilden die beiden Aushängeschilder der Stiftsbäckerei Sankt Peter am Kapitelplatz, geleitet vom Müller- und Bäckermeister Peter Grabner. Ganz so wie früher treibt seit 2010 das Wasser des Almkanals die hauseigene Getreidemühle an (stiftsbaeckerei.at).

Salzburger Filiale des St. Wolfganger Kräuterhauses

Café am Alten Markt

ZURÜCK INS MITTELALTER

Die Altstadt schmiegt sich mondsichelförmig um den Mönchsberg; sie zählt wegen ihrer Geschlossenheit zum UNESCO-Weltkulturerbe. Die **Festung Hohensalzburg**, die 120 Meter hoch auf einer weiteren Erhebung südöstlich des Berges thront, gilt als eigenständiges Viertel. Sie bildet einen riesigen Komplex aus 50 Gebäuden mit kleinen und großen Höfen. Hinauf gelangt man entweder zu Fuß in 20 Minuten über die Festungsstiege oder auf Schienen mit der rundum verglasten Festungsbahn in nur 54 Sekunden Fahrtzeit. Die Anfänge der Festung gehen auf Erzbischof Gebhard (1010–1088) zurück. Er ließ ab dem Jahr 1077, um seine Stellung zu bekräftigen, auf den Resten einer Römerburg einen befestigten Wohnturm errichten. Dessen Fertigstellung erlebte Gebhard jedoch nicht. Unter seinen Nachfolgern entstanden Palas, Kapelle und Ringmauer. Ihre heutige Form erhielt die Festung durch Fürsterzbischof Leonhard von Keutschach (1442–1519); er gab den Bau des Inneren Schlosses mit prachtvollem Fürstenzimmer, Goldenem Saal und Goldener Stube in Auftrag. Letztere verzückt die Besucher mit einem überreich verzierten blau-gelb-grünen Kachelofen. Das Festungsmuseum widmet sich ausführlich dem Leben bei Hofe. Ferner beherbergt die Festung das Salzburger Marionettenmuseum und das Rainer-Regiments-Museum. Von der Aussichtsplattform am Reckturm eröffnen sich großartige Panoramablicke über die Dächer und Türme der Stadt bis weit ins Umland.

Hier dreht sich alles um das berühmte Naschwerk

Wieder unten angekommen, führt ein gerne gegangener Weg vom Waagplatz, der früher Brotmarkt hieß, über die Judengasse mit ihren edlen Läden in einem großen Bogen zum **Alten Markt**. Dieser lang gestreckte Platz wurde 1250 angelegt und war bis ins 19. Jahrhundert Standort des Wochenmarkts. Dort glänzt unter anderem die Alte Fürsterzbischöfliche Hofapotheke durch ihre Rokoko-Einrichtung (Haus Nr. 6). Das Café Tomaselli gegenüber – neben dem mit nur 1,42 Meter Breite kleinsten Haus der Stadt – hält dort seit rund 325 Jahren die Kaffeehauskultur aufrecht. Im früheren Café Steiger war schon die Familie Mozart zu Gast. Das weltliche Herz Salzburgs schlägt heute wie damals in der **Getreidegasse**, der wohl berühmtesten Geschäftsstraße Österreichs. Zuvor sorgten jahrhundertelang Handwerksbetriebe, Warenlager und Weinhandlungen für ein reges Verkehrsaufkommen, sodass 1512 der damalige Erzbischof gegen die durch die Lieferanten verursachten Staus klagte – ohne Erfolg. Heute ist die 500 Meter lange Gasse zwar längst Fußgängerzone, doch das Gedränge der Gäste aus aller Welt verhindert oft nach wie vor ein rasches Vorankommen. Alteingesessene Läden, hippe Designer-Boutiquen und exklusive Manufakturen im Erdgeschoss der stattlichen Bürgerhäuser versprechen ein besonderes Einkaufserlebnis. So umfasst etwa das Sortiment in der Schirmmanufaktur Kirchtag neben handgefertigten Regenschirmen auch besonders hochwertige Lederwaren und Reiseutensilien (Haus Nr. 22).

5

DAS WUNDERKIND DER WIENER KLASSIK

Die Getreidegasse 9 ist nicht nur Freunden klassischer Musik ein Begriff: Hier in der dritten Etage des sogenannten Hagenauer-Hauses wurde am 27. Januar 1756 Wolfgang Amadeus Mozart geboren, wo er auch zusammen mit seiner älteren Schwester Nannerl aufwuchs. Alle fünf weiteren Geschwister starben im Säuglingsalter. In den niedrigen Räumen ist ein Museum eingerichtet. Zu bewundern sind etwa die Kindergeige des Musikgenies, Noten und zahlreiche Briefe, welche die Familienmitglieder sich untereinander schrieben. Mehrere zu Einkaufspassagen umgebaute Durchhäuser führen von der Getreidegasse in die parallel verlaufende **Griesgasse**. Dort lädt etwa das Café Würfel Zucker mit köstlichem warmem Apfel-, Kürbis- und Topfenstrudel, serviert auf Gmundner Keramik, zum Genießen und Entspannen ein (Haus Nr. 13).

DAS AUTHENTISCHE BRAUGASTSTÄTTEN-FLAIR mit lauschigem Biergarten im Braugasthof Krimpelstätter gefällt vielen Gästen genauso gut wie die servierten österreichischen Gerichte, darunter Tafelspitz und gefüllte Krautroulade – zubereitet mit Produkten aus der Region. Zum Ausschank kommen Salzburger Augustiner Biere aus der Brauerei nebenan (krimpelstaetter.at).

◀ Jahn Markl, Leder- und Trachtenbekleidung ▶ Restaurant K+K am Waagplatz

AUF EINEN BLICK

Info

STADT/REGION: Landeshauptstadt Salzburg
BESTE REISEZEIT: April bis Oktober, Dezember
OPTIMALE REISEDAUER: 3 Tage
TOURISTINFO: Salzburg Info, Mozartplatz 5, 5020 Salzburg, Tel. +43/662/88 98 70, salzburg.info

SEHENSWÜRDIGKEITEN

SALZBURG MUSEUM: Mozartplatz 1, 5010 Salzburg, Tel. +43/662/620 80 87 00, salzburgmuseum.at
PANORAMA MUSEUM: Residenzplatz 9, 5010 Salzburg, Tel. +43/662/620 80 87 30, salzburgmuseum.at
FESTUNG HOHENSALZBURG: Mönchsberg 34, 5020 Salzburg, Tel. +43/662/84 24 30 11, salzburg-burgen.at
MOZARTS GEBURTSHAUS: Getreidegasse 9, 5020 Salzburg, Tel. +43/662/84 06 93, mozarteum.at

REISEMOBILSTELLPLATZ SALZBURG

ADRESSE: Carl-Zuckmayer-Straße 26, 5101 Salzburg, Tel. +43/676/911 42 44, reisemobilstellplatz-salzburg.at
ANFAHRT: Auf der A 1 (Westautobahn) bis Ausfahrt Salzburg Nord, am Ende der Ausfahrt rechts abbiegen, danach sofort links und bei der ersten Ampel wieder links, von da noch 900 m bis zum Stellplatz auf der rechten Seite.
GPS: 47.83588, 13.0597
Man benötigt nur 15 Minuten mit dem Bus, um von der Haltestelle am Stellplatz in die Innenstadt zu gelangen. Die Linie verkehrt im 20-Minuten-Takt. Ein Radweg führt ebenfalls ins Zentrum. Der Platz liegt recht ruhig an einem Industriegebiet in der Nähe der Autobahn und ist daher auch bestens als Etappenstation auf der Durchreise geeignet. Er verfügt über eine breite Einfahrt. Es gibt 106 Parzellen in verschiedenen Größen, ein Sanitärgebäude mit Abspülbecken, Stromanschlüsse, Ver- und Entsorgung sowie einen Aufenthaltsraum mit Kaffeeautomat – dazu befindet sich eine Gaststätte vor der Tür. Reservierungen sind ab drei Nächten möglich.

◀ Hochaltar des Doms ▲ Feinkostläden, wohin man schaut
▼ Kalorienbomben aus Nuss-Nugat, Pistazien und Marzipan

PANORAMACAMPING STADTBLICK

ADRESSE: Rauchenbichler Straße 21, 5020 Salzburg, Tel. +43/662/45 06 52, panorama-camping.at

ANFAHRT: Auf der A 1 (Westautobahn) bis Ausfahrt 288-Salzburg-Nord Zentrum, weiter auf der B 150 und nach 750 m in die Rauchenbichler Straße rechts abbiegen.

GPS: 47.82843, 13.05222

Schön gelegener Campingplatz auf Terrassen im Norden der Stadt mit Blick auf Salzburg und die Berge. Die Gastgeberfamilie betreibt auch eine Gaststätte und einen Kiosk. Die Altstadt ist mit öffentlichen Verkehrsmitteln in etwa zehn Minuten erreichbar, zur Haltestelle braucht man etwa fünf Minuten. Die Sanitäranlagen sind sauber und gepflegt. Sowohl auf dem Campingplatz als auch im Lokal ist nur Barzahlung möglich. Die Mindestaufenthaltsdauer für Reservierungen beträgt zwei Nächte.

SALZBURGER SEENLAND

Vielfalt vom Wiestalstausee zum Mattsee

Marktgemeinde Mattsee, touristisches Zentrum der Salzburger Seen

Die sanft hügelige Landschaft im Nordwesten des Flachgaus gehört zu den wenig bekannten Urlaubsregionen in Österreich. Sie wartet unter anderem mit altehrwürdigen Sakralbauten, stillen Badeseen, schönen Rad- und Wanderwegen, edler Braukunst, einem vielbesuchten Erlebnispark und einer großen Sammlung an historischen Fahrzeugen auf.

Die barocke Pfarrkirche Sankt Jakob in Faistenau glänzt durch ihre reiche Innenausstattung, unter anderem mit einem prächtigen Hochaltar eines unbekannten Meisters und den eindrucksvollen Figuren »Schmerzensmann« und »Schmerzhafte Muttergottes« des Bildhauers Meinrad Guggenbichler (1649–1723). Das berühmteste Objekt von Faistenau jedoch wurde lange vor dem Baubeginn der Kirche (1324) durch die ersten Siedler gepflanzt: die 1000-jährige Linde auf dem Dorfplatz. Sie ist 20 Meter hoch, ihr Stamm ist altersbedingt hohl und begehbar. Im Schatten der ausladenden Krone finden seit 1955 alle drei Jahre an den Sommerwochenenden Aufführungen des berühmten Theaterstücks »Jedermann« in einer Mundartversion statt. Eine empfehlenswerte Wanderung führt vom Ortsteil Eckschlag auf den Lidaun (Gehzeit ca. 70 Min.) Von oben genießt man eine weite Aussicht über den Wiestalstausee bis zu den Berchtesgadener Alpen.
An der Nordseite des südöstlich gelegenen Hintersees locken zwei attraktive öffentliche Badeplätze. Speis und Trank serviert die »Lago Bar« nebenan. Man kann den 1,5 Kilometer langen See bequem zu Fuß umrunden. Im nachfolgenden Dorf Hintersee arbeitete von 1827 bis 1837 der Stille-Nacht-Dichter Joseph Mohr als Hilfsvikar, ein Denkmal am Friedhof und ein neu angelegter Themenweg durch die stille Landschaft erinnern an ihn. Bei der Fahrt auf der engen und kurvigen Straße durch die canyonartige Strubklamm ist Umsicht geboten. Das Wasser des Almbachs, der im Hintersee entspringt, rauscht hier durch die wilde Felsenschlucht.

PADDELERLEBNIS VOR WILDER NATURKULISSE

Im Wiestal ist der Almbach zu einem 120 Hektar großen See aufgestaut. Er entstand zwischen 1909 und 1913 und war der größte Stausee im Zeitalter der österreichisch-ungarischen Monarchie. Damals wie heute dient er zur Stromerzeugung. See und Umland sind seit 1960 als Landschaftsschutzgebiet ausgewiesen. Am Ostufer verläuft eine Straße mit Parkplatzbuchten und Bademöglichkeiten. Besondere Beachtung verdient das 1924 errichtete Maschinengebäude des Kraftwerkhauses wegen seines expressionistischen Baustils. Das vier Kilometer lange und 500 Meter breite Gewässer ist auch bei Paddlern sehr beliebt. Das Wasser ist glasklar, bewaldete Berge und bemooste Felsenwände umschließen den See. Hier und da rauscht ein Wasserfall. Oft wabert Nebel über der stillen Wasserfläche. Das Westufer ist weitgehend unerschlossen und bietet idyllisch gelegene Rastplätze zwischen Schilfgras. Bei Niedrigwasser besteht Paddelverbot. Daneben tummeln sich zur Freude der Angler in dem gewöhnlich bis zu 26 Meter tiefen Wasser unter anderem Saibling und Zander. Wer möchte, kann vom Wiestalstausee auf dem »Metzgersteig« entlang der besagten Strubklamm nach Faistenau wandern (Gehzeit 3 Std.). Der Name des Steigs rührt aus jener Zeit, als man noch das Vieh aus der Hintersee-Region zum Schlachten nach Hallein getrieben hat.

Verträumt wirkender Wiestal-Stausee

Die Badesaison am Seecamp Neumarkt am Wallersee ist beendet.

In der Nordostecke des Flachgaus breitet sich der Wallersee aus – ein dunkler Moorsee und der mit 6,2 Quadratmeter Fläche größte der Flachgauer Seen. Er ist mit durchschnittlich 13 Meter Tiefe recht seicht, zum Teil bedeckt Schilf die Ufer. Segler und Surfer schätzen die beständigen Winde. Das einzige Strandbad befindet sich am Campingplatz Seecamp Neumarkt an der Nordostspitze. Der Sonnenuntergang vom Strand aus im Sommer betrachtet, gilt als einer der schönsten im Salzburger Land. Der Ortskern von Neumarkt mit seinen bunten Fassaden liegt gut zwei Kilometer entfernt. Einen Besuch wert ist das Museum Fronfeste im 1569 errichteten Amtmannhaus mit Gefängnis; die Ausstellung widmet sich in erster Linie den Themen Gerichtsbarkeit und Kriminalgeschichte. Zu sehen gibt es beispielsweise die Original-Gefängniszellen. Lederverarbeitung und Hutmacherei sind weitere Schwerpunkte. Den Zugang zur Pfarrkirche sichert ein Torhaus – es war Teil der Neumarkter Schanze, eines Verteidigungswalls im Dreißigjährigen Krieg.

URALTES SIEDLUNGSGEBIET

Am anderen Ende des Sees liegt Seekirchen, mit 11 000 Einwohnern die fünftgrößte Stadt des Bundeslandes. Ihr Gebiet zählt zu den ältesten und am längsten durchgehend besiedelten in Österreich, was 5000 Jahre alte Funde aus der Jungsteinzeit nahelegen. Nach den Kelten und Römern ließen sich am Wallersee die Bajuwaren nieder. Der heilige Rupert, erster

Über 1000 Jahre alte Linde in Faistenau

Bischof von Salzburg und Bischof von Worms, baute in diesem, damals als Walardorf benannten Ort, im Jahr 696 eine dem Heiligen Petrus geweihte Kirche. Man fand ihre Reste 1977 unter der heutigen Stiftskirche. Walardorf lag am Ufer des damals deutlich größeren Sees, doch durch die Trockenlegung des Seemooses liegt der See heute außer Sichtweite. In der Regel nur von außen zu bewundern ist das massive Schloss Seeburg aus dem 15. Jahrhundert. Es dient unter anderem als Privatuniversität und Standesamt. Die zum Schloss gehörende Rupertikapelle, in der zahlreiche Trauungen stattfinden, wartet im Inneren mit schönen Malereien auf. Im Seekirchener Gemeindegebiet gibt es eine Vielzahl an weiteren Kapellen, Kirchen und Bildstöcken. Sie sind durch den Panorama-Kapellenweg miteinander verbunden. Er besteht aus zwei Teilen: einem 22 Kilometer langem Fahrradweg und einer 18,5 Kilometer langen Wanderroute.
Den Innenraum der gotischen Pfarrkirche in Straßwalchen nordöstlich von Neumarkt schmückt ein Hochaltar des eingangs erwähnten Meinrad Guggenbichler, ein Frühwerk des Meisters von 1675. Familien mit Kindern zieht es in großer Zahl in den Erlebnispark Fantasiana am Nordostrand des Städtchens. Da noch eine Reihe weiterer Seen die sanfte Landschaft im Flachgauer Norden prägen, kreierten die Tourismusverbände für die Region den Namen Salzburger Seenland. Die heiter anmutende, hügelige Gegend ist trotz der Nähe zur Stadt Salzburg für viele Wohnmobilfahrer nach wie vor ein Geheimtipp. Bei den Ortschaften Obertrum und Mattsee kommen sich der kleine Grabensee, der Mattsee und der Obertrumer See, der mit 4,2 Quadratkilometern größte von ihnen, sehr nahe. Bis vor ungefähr 4000 Jahren bildeten die Seen ein zusammenhängendes Gewässer – entstanden waren sie durch das Abschmelzen des Mattseegletschers, einer ehemaligen Eiszunge am Haunsberg. Es verlandete zusehends und aus einem See wurden irgendwann drei Seen.

SPIELFLÄCHE FÜR JODLER UND HARDROCKER

Eine Schifffahrtslinie verbindet im Sommer die Orte Obertrum, Mattsee und Seeham. Viele besuchen Seeham in erster Linie wegen seines attraktiven Strandbades. Nebenan befindet sich die schön gelegene Seebühne Seeham. Ihr Spielkalender umfasst viele Sparten: von Kabarett über Trachtenmusik bis zu Hardrock. Die Pfarrkirche Seeham ist ein außergewöhnliches Kulturdenkmal. Weil sich ihr Untergrund stark abgesenkt hatte, wurde 1931 das alte Langhaus aus dem 14. Jahrhundert abgetragen und nach Süden gerichtet neu aufgebaut. Der gotische Turm und Teile der Apsis und Nordwand blieben stehen und wurden in den Neubau eingebunden. Der Hochaltar wirkt wie aus der Barockzeit, ist aber ein Werk des österreichischen Bildhauers Jakob Adlhart (1898–1985) und stammt aus den 1930er-Jahren. Durch die wilde Teufelsgrabenschlucht in Seeham führt ein Natur-Erlebnis-Weg. Die Besucher erfahren auf Infotafeln viel Wissenswertes über die Geologie, Botanik und Fauna sowie über den Wildkar-Wasserfall und zwei Mühlen, die restauriert und wieder in Betrieb genommen wurden. Die Parkplätze Teufelsgraben/Hochseilpark und Schießentobel im Ortsteil Matzing sind kostenfrei und ohne Beschränkung. In Obertrum lohnt ebenfalls ein Blick in die Pfarrkirche. Die Innenausstat-

Stifts- und Pfarrkirche von 1766 in Mattsee mit riesigem Turm

Schloss Mattsee, einst Sommerresidenz der Fürsterzbischöfe

tung des ursprünglich gotischen und später barockisierten Baus wurde 1917 durch einen Brand zerstört. Beim Wiederaufbau wählte man eine Art Jugendstil und arbeitete einige unbeschädigte barocke Kunstwerke mit ein. Besonders eindrucksvoll: die Holzkassettendecke, wiederum eine Arbeit von Jakob Adlhart. Die Biere der Trumer Privatbrauerei im Ort zählen nach Ansicht vieler Kenner zu den besten Österreichs. Ein natürlicher Damm, 300 Meter breit, trennt den Grabensee vom Obertrumer See. Der Grabensee ist nur 1,3 Quadratkilometer groß und steht weitgehend unter Naturschutz. Motorboote und Stehpaddeln sind nicht erlaubt. In Perwang gibt es einen sehr ruhig gelegenen Bade- und Campingplatz.

BODENSTÄNDIGE GERICHTE WIE »Steckerlfisch frisch vom See« oder »Bauernbratl mit Schmorgemüse, Semmelknödel und Krautsalat«, dazu ein Obertrumer Original oder Trumer Märzen Bier – serviert im wunderschönen Gastgarten unter Kastanienbäumen – sind das Markenzeichen des Braugasthofs Sigl gegenüber der Trumer Brauerei (braugasthof-sigl.at).

Frühgotische Stiftskirche Mattsee mit barocker Innenausstattung

Der Mattsee ist ebenfalls recht klein (3,6 km²), aber bis zu 42 Meter tief. Eine schmale Landbrücke mit Straße und ein Wassertunnel für den Schiffsverkehr trennen ihn vom Obertrumer See. Südlich von ihr erstreckt sich am Ufer die Marktgemeinde Mattsee. Die traditionelle Sommerfrische und touristisches Zentrum der Region besitzt einen kleine Segelboothafen und eine charmante Seepromenade. An deren Ostende erhebt sich das **Schloss Mattsee**, entstanden aus einer Vorgängerburg, erbaut um das Jahr 1150. Es diente im 17. Jahrhundert den Salzburger Fürsterzbischöfen als Sommerresidenz, zerfiel dann aber rasch nach 1806 nach der Auflösung des Bistums. Der Wiederaufbau nach Originalplänen dauerte von 1998 bis 2003. Im Schloss finden heute Kulturveranstaltungen statt, darunter der Diabelli-Sommer. Anton Diabelli kam 1781 in der Seestraße 3 neben der Kirche zur Welt. Er und Ludwig van Beethoven kannten sich gut. Dieser schuf aus einem Walzer von Diabelli die Diabelli-Variationen, Beethovens letztes großes Klavierwerk.

TASSILO III., DER LETZTE AGILOLFINGER

Vom Schlosscafé genießt man einen prächtigen Ausblick auf den Ort, die Boote und den türkisfarbenen See. 777 gründete Herzog Tassilo III., der letzte aus dem bayerischen Geschlecht der Agilolfinger, die Benediktinerabtei im heutigen Zentrum; sie ist das drittälteste Kloster in Österreich. Das Stiftsmuseum in der alten Propstei zeigt unter anderem Gemälde und eine Kopie des kupfernen, reich verzierten Tassilo-Kelchs. Der gewaltige Turm der Stifts- und Pfarrkirche wurde 1766 erbaut. Die Altäre im Querhaus stammen vom Mondseer Meister Meinrad Guggenbichler. Ebenfalls sehenswert in Mattsee ist das sogenannte Bajuwarengehöft, eine liebevoll gestaltete Nachbildung eines Hofverbands aus der Zeit um 800.

Tipp

Modelle aus den frühen Tagen des Automobils zeigt die Ferdinand-Porsche-Erlebniswelt »fahr(T)raum« am Mattsee, ein von den Nachfahren von Ferdinand Porsche privat geführtes Museum – zu sehen ist etwa der »Prinz-Heinrich-Wagen«, der einem Fahrer im Jahr 1911 mit 172 Stundenkilometer zu einem neuen Geschwindigkeitsrekord verhalf. Eine weitere Top-Attraktion ist der Oldtimer-Fahrsimulator. Der »Traktor-Stadl« beleuchtet Porsches Entwicklungen zur Mechanisierung der Landwirtschaft (fahrtraum.at).

Eichler Dieselschlepper, gebaut ab 1953, ausgestellt im »Traktor-Stadl«

AUF EINEN BLICK

STADT/REGION: Seeham/Salzburger Seenland
BESTE REISEZEIT: Juni bis September
OPTIMALE REISEDAUER: 3 Tage
TOURISTINFO: Salzburger Seenland Tourismus GmbH, Seeweg 1, 5164 Seeham, Tel. +43/6217/202 20, salzburger-seenland.at

SEHENSWÜRDIGKEITEN

FANTASIANA ERLEBNISPARK: Märchenweg 1, 5204 Straßwalchen, Tel. +43/6215/81 81, erlebnispark.at
TRUMER WELT: Brauhausgasse 2, 5162 Obertrum am See, Tel. +43/6219/741 10, trumer.at
HOCHSEILPARK SEEHAM: Tobelmühlstraße 25, 5164 Seeham, Tel. +43/6217/290 29, hochseilpark.at
STIFTSMUSEUM MATTSEE: Seestraße 2, 5163 Mattsee, Tel. +43/6217/52 02, stiftmattsee.at

SEECAMP NEUMARKT

ADRESSE: Uferstraße 3, 5202 Neumarkt, Tel. +43/6216/20 86 00, neumarkt-strandbad.at
ANFAHRT: Auf der B 1 vor Neumarkt seewärts abzweigen, dann links halten hinunter zur Uferstraße
GPS: 47.92673, 13.21137

◀ Hauptstraße in Neumarkt ▶ Regionales vom Bauern am Wiestalstausee

Verwaiste Ferienhäuser am Strandbad Neumarkt

Das von Dauercampern geprägte Gelände und das Strandbad der Gemeinde Neumarkt umsäumen die Bucht am Nordostende des Wallersees, 20 Autominuten von Salzburg entfernt. Die Sanitäreinrichtungen des Campingplatzes sind in die Jahre gekommen. Es stehen 40 Touristenplätze unter teils hohen Laubbäumen und zehn Übernachtungsplätze vor der Schranke zur Verfügung. Die Campinggäste erhalten für den Zugang zum Strandbad Chip-Armbänder. Das Bad verfügt über ein Café-Restaurant mit Terrasse und einen Spielplatz.

STRANDCAMPING OBERTRUM

ADRESSE: Seestraße 18, 5162 Staffl, Tel. +43/6219/64 42, oitner-urlaubamsee.at

ANFAHRT: Die A 1 bei Anschlussstelle Salzburg Nord verlassen, zuerst ca. 10 km auf der B 156 bis Ausfahrt Obertrum am See, dann weiter über Kirchstättstraße, Trumer Straße und Hauptstraße in die Seestraße

GPS: 47.94217, 13.06918

Kleiner, gepflegter Familienbetrieb unmittelbar an einem sauberen, klaren See mit Badesteg und angrenzender Liegewiese. Der Campingplatz ist ideal als Ausgangsort für Radtouren durch die Seenlandschaft. Es gibt eine gemütliche Gaststube mit Terrasse, Brötchenservice und ein Strandbad mit Bootsverleih daneben sowie einen Lebensmittelmarkt ein Stückchen weiter. Zur Straße verläuft eine Lärmschutzwand. Das Zentrum liegt 800 m entfernt. Eine Haltestation der Buslinie nach Salzburg liegt direkt am Platzgelände.

IRRSEE UND MONDSEE

Entdeckungen vor gross-artiger Gebirgskulisse

Sichelförmiger Mondsee mit Schafberggruppe

7

Die beliebten Badegewässer Irrsee und Mondsee bilden die Pforte zum oberösterreichischen Salzkammergut. Das »Mondseeland« bietet sowohl Freizeitspaß als auch bedeutende Kulturschätze. Dass es sich hier angenehm leben lässt, erkannten schon die Menschen in der Jungsteinzeit, die ihre Holzhäuser am Ufer des Mondsees bauten.

Insbesondere Einheimische zieht es an schönen Sommertagen an den kleinen Irrsee unweit nördlich des wesentlich bekannteren Mondsees. Der Irrsee, auch Zeller See genannt, steht zwar fast vollständig unter Naturschutz, aber Baden, Segeln und Rudern sind erlaubt. Das 100 Hektar große Gewässer gilt mit maximal 27 Grad Celsius Wassertemperatur als der wärmste Badesee im Salzkammergut. Seit Generationen bewirtschaftete Höfe grüßen von sattgrünen Hängen, ökologisch bedeutende Feuchtgebiete säumen sein Ufer. Die Häuser von Zell am Moos, der einzig nennenswerten Seegemeinde, liegen alle ein gutes Stück vom Wasser entfernt. Das größte Strandbad ist der Badeplatz Tiefgraben am Südende – nur wenige Minuten mit dem Rad von Camp Mondseeland entfernt. Ohnehin eignen sich die schmalen, wenig befahrenen Straßen am hügeligen Westufer perfekt für Radtouren. Weitere Badeplätze bestehen bei Zell und beim Dorf Laiter an der Nordspitze. Eine wellige Wiesenlandschaft prägt auch die westlichen Teile des Mondsees. Im Norden wacht der Mondseeberg. Die Mondseebergstraße ist eine beliebte Mountainbikestrecke. Insgesamt wirkt die Gegend um den Mondsee aber eher lieblich, nur im Süden bilden die 700 Meter steil abfallende Drachenwand, der Schober und der Schafberg einen spektakulären Abschluss. Odilo (700–748 n. Chr.), Herzog der Bajuwaren in Bayern, verirrte sich – so berichtet es die Legende – um das Jahr 740 bei der Jagd in den Felsen über dem seinerzeit namenlosen Gewässer. Die Nacht brach an, und nur das aus einer Wolkenlücke scheinende Mondlicht bewahrte ihn davor, in die Tiefe zu stürzen. Odilo gelobte daraufhin, am Ufer ein Kloster mit dem Namen Mondsee zu gründen. Andere sagen, dass der Name des Sees von seiner Sichelform herrühre. In der Tat gründete der heilige Pirmin (670–753), beauftragt von Odilo in dessen Sterbejahr, das Benediktinerkloster Mondsee. Es zählte zu den ersten Klöstern auf dem Gebiet des heutigen Österreich und leitete die Entwicklung der gesamten Region ein; es war insbesondere für seine

Schreibstube und Buchmalerei berühmt. Der Psalter von Montpellier, auch oft als Tassilo-Psalter oder Mondsee-Psalter bezeichnet, stammt aus dem Jahr 788 und gilt als das älteste in Österreich verfasste Textbuch. Der Mondseer Matthäus, nur wenige Jahre später geschrieben, ist eine der ältesten Bibelübersetzungen ins Althochdeutsche. Ab 831 waren die Abtei, der See und das Umland dem Bistum Regensburg unterstellt – von 1506 an hatten die Habsburger das Sagen.

ES GEHÖRT ZU den schönsten Erlebnissen im Salzkammergut, Irrsee und Mondsee mit dem Fahrrad oder E-Bike zu umrunden. Die 51-km-Runde führt mit wenigen Ausnahmen über einen speziell angelegten Radweg.

Stationen auf dem Weg mit der Nummer 2 sind im Nordteil der Route unter anderem die Basilika in Mondsee, das Naturschutzgebiet Nordmoor am Irrsee und die historische Erlachmühle. Des Weiteren im südlichen Bereich rund um den Mondsee die Ortschaften Schwarzindien und Scharfling sowie der Badeplatz Innerschwand in Loibichl.

Irrsee, der kleine Bruder des Mondsees

Farbenprächtige Fassaden schmücken den Ort Mondsee.

MORD IM KLOSTER

Prächtige farbige Bürgerhäuser, Cafés und Gaststätten säumen den keilförmig angelegten Marktplatz im Zentrum der Seemetropole Mondsee. Zu den Wirtshausklassikern dort zählen zum Beispiel »Backhendl in Kürbiskernpanier mit Erdäpfel-Vogerlsalat oder Bärlauchkroketten«. Östlich vom Marktplatz beginnt der Kirchenvorplatz; an seinem Ende erstrahlt in sattem Gelb die barocke Fassade der Basilika Sankt Michael mit ihren massiven, 52 Meter hohen Doppeltürmen. Nicht nur die äußere Erscheinung der früheren Kloster- und jetzigen Pfarrkirche beeindruckt, sondern auch die Größe ihres Innenraums: Er ist 70 Meter lang, 34 Meter breit und 22 Meter hoch. 13 schwarz-goldene Altäre verteilen sich darin. Der älteste ist der prachtvolle, 18 Meter hohe frühbarocke Hochaltar aus dem Jahr 1626, ein Werk des Tiroler Bildhauers Hans Waldburger (1570–1630). Schauriges Detail indes: sein gläserner Reliquienschrein mit dem sitzenden Skelett von Abt Konrad II. im Mittelpunkt, den Weihestab in den Händen. Unter Konrad erlebte das Kloster eine Blütezeit, was ihm, wie es scheint, nicht nur Freunde bescherte, denn er wurde 1145 ermordet. Gäste aus Übersee besuchen die Kirche in Scharen, da hier in den 1960er-Jahren die Hochzeitsszenen für das Filmmusical »The Sound of Music« gedreht wurden, das die Karriere der singenden Großfamilie Trapp erzählt. 2005 gab es wieder ein besonderes Ereignis, als Papst Johannes Paul II. die Pfarrkirche Sankt Michael zur »Basilica minor« erhob. An der Nordseite des Gotteshauses

Freilichtmuseum Mondsee mit Rauchhaus im Hintergrund

erstrecken sich die weitläufigen ehemaligen Klostergebäude. Man nennt den Komplex **Schloss Mondsee**, da er der Fürstenfamilie Wrede bis 1985 als Wohnsitz diente. Das dunkel getäfelte Fürstenzimmer fungiert heute als vielgenutzter Trauungssaal. In der früheren Klosterbibliothek ist das **Pfahlbau- und Klostermuseum** untergebracht. Die spannend gemachte Ausstellung zeigt die ganze Geschichte der 5000 Jahre alten jungsteinzeitlichen Mondseekultur. Diese dauerte ungefähr von 3770 bis 3200 vor Christus. Ab 1860 fand man im Uferbereich Reste von Pfahlbauten, Kunst und Alltagsgegenständen. Dadurch konnten die Archäologen ein recht genaues Bild der Ur-Mondseer nachzeichnen. Diese Menschen töpferten, bemalten Keramik, verarbeiteten Kupfer und trieben Handel mit anderen Alpenstämmen. So barg man beispielsweise aus dem Schlick einen Feuerstein, der nachweislich aus einem Steinbruch im heutigen Oberitalien stammt. Darüber hinaus fand man sogar einen verbrannten Teigrest, der den Namen »Urknödel« erhielt. Den Untergang der Mondseekultur verursachte möglicherweise ein Bergsturz und die durch ihn ausgelöste Flutwelle, da die Bewohner ihre Häuser offenbar fluchtartig verließen – das heißt, ohne wichtige Haushaltsgegenstände mitzunehmen. Die Fundstellen sind seit 2011 UNESCO-Welterbestätte.
Das Gelände des **Bauern- und Freilichtmuseums** in Mondsee befindet sich auf einer Terrasse am Hang mit schönem Ausblick auf die Altstadt und die Basilika. Man betritt das Areal über das Bauernmuseum, ein-

gerichtet in einer modern gestalteten Scheune, in der die Geschichte und Arbeit der Landwirtschaft in der Seeregion präsentiert werden. Das unterhalb gelegene Freilichtmuseum besteht aus einem Bauernhof aus dem 15. Jahrhundert samt Dörrhaus und Hausmühle. Das Gehöft musste 1959 der Autobahn weichen. Man trug es damals ab und setzte es hier wieder akribisch zusammen. Im Zentrum steht ein original eingerichtetes Rauchhaus, ein in der Region früher weit verbreiteter »Einhof«. Bei diesem sind Wohnbereich und Wirtschaftstrakt zu einem Ganzen vereint. Die Bezeichnung Rauchhaus rührt daher, dass der Rauch des Herdfeuers nicht durch einen Kamin, sondern an den Wänden und Decken entlang durch die Ritzen im Dach abzog – dabei trocknete das auf dem Speicher gelagerte Getreide.

EIN FEST FÜR EISENBAHN-FANS

Von 1894 bis 1957, also in der »guten alten Zeit«, verkehrte zwischen Salzburg und Bad Ischl die Salzkammergut-Lokalbahn (SKGLB). An der Endhaltestelle der Nebenlinie, die nach Mondsee abzweigte, pflegen

Im Westen des Mondsees erhebt sich die Drachenwand.

7

Eisenbahn-Enthusiasten die Erinnerung an jene Ära. Das **Salzkammergut-Lokalbahn-Museum** am Alpenseebad zeigt unter anderem drei betriebsbereite, blitzblank polierte Schmalspur-Dampflokomotiven, die nur bei besonderen Anlässen zum Einsatz kommen. Nostalgische Gefühle weckt daneben der originalgetreu restaurierte, 1906 gebaute Salonwagen, in dem Kaiser Franz Joseph zur Sommerfrische nach Ischl fuhr. Im Gegensatz zur Holzklasse, die fürs gemeine Volk bestimmt war, sorgten im Waggon bequeme Polstermöbel, Toilette und Adjutantenabteil für bestmöglichen Reisekomfort. Schaffnerpfeifen, Stationsschilder, eine historische Modelleisenbahn und vieles mehr vervollständigen die Ausstellung.

Tipp

Lust Segeln, Windsurfen oder Wingfoilen zu lernen, diesen neuen Wassersporttrend? Oder möchten Sie lieber an einem geführten Segel-Törn teilnehmen. Die Segelschule Mondsee in Mondsee bietet Kurse mit unterschiedlicher Dauer für jeden Geschmack und für alle Altersgruppen (segelschule-mondsee.at).

Das **Alpenseebad Mondsee** ist das größte Strandbad im gesamten Salzkammergut mit Sandstrand, Sprungturm und diversen Rutschen. Östlich der Anlage erstreckt sich die baumbestandene Uferpromenade. Der Blick schweift hinüber zum Schafberg und auf die imposante Drachenwand. Am hölzernen Steg starten die Rundfahrten mit den Schiffen der Mondsee-Flotte, gleich dahinter zeigen Wasserskifahrer ihr Können. Es gibt sonst keine weiteren Schiffshaltepunkte rund um den See. Der **Pfahlbau-Pavillon** im Park an der Bundesstraße wartet mit Infos zum Weltkulturerbe auf und einem Mondseer Einbaum, eine bis in die 1950er-Jahre eingesetzte, in der Jungsteinzeit entwickelte Bootsart – geschnitzt aus einem Tannenstamm. Der vielbegangene Helenenweg, der in etwa einer halben Stunde zur beliebten Jausenstation **Erlachmühle** führt, beginnt am Friedhofsparkplatz am westlichen Ortsrand. Man folgt dann der Hierzenbergerstraße bis zu einer Fabrik. Das letzte Stück verläuft über einen wildromantischen Waldweg am Ufer der Zeller Ache entlang (Nr. 7; kinderwagentauglich). Die Mühle ist seit 1416 in Betrieb. Aus Sauerteig und dem hauseigenen Mehl entsteht beim Backen im Holzofen ein regional sehr nachgefragtes Roggenbrot. Weitere Spezialitäten des Hauses sind zum Beispiel Bauern-

Mondsee: immer hart am Wind

krapfen (nicht täglich erhältlich), Räucherschinken oder Schweinsbratl. Im Anschluss empfiehlt sich eine mittelschwere Tour über Wald und Flur auf den **Kolomansberg** mit der Kolomanskirche unterhalb des vom Militär genutzten Gipfels. Diese älteste erhaltene Holzkirche Österreichs wurde 1742 aus Holzstämmen gezimmert, außen rundum mit Schindeln verkleidet und innen mit vielen Votivbildern geschmückt. Die beste Route führt über den Gasthof Leidinger Hof mit einzigartigem Mondsee-Panoramablick (Gehzeit ab Mühle 2,5 Std.). Jenen sportlich Aktiven, die eine spektakulärere Art bevorzugen, den Mondsee zu erleben, sei der **Drachenwand-Klettersteig** am Südende ans Herz gelegt. Ausgangspunkt dort: der Parkplatz beim Gasthof Drachenwand in Sankt Lorenz.

AUF EINEN BLICK

Info

STADT/REGION: Irrsee und Mondsee im Salzkammergut
BESTE REISEZEIT: Juni bis September
OPTIMALE REISEDAUER: 3 Tage
TOURISTINFO: Tourismusverband Mondsee-Irrsee, Doktor-Franz-Müller-Straße 3, 5310 Mondsee, Tel. +43/6232/22 70, mondsee-salzkammergut.at

SEHENSWÜRDIGKEITEN

MONDSEELAND- UND PFAHLBAUMUSEUM: Wredeplatz 1, 5310 Mondsee, Tel. +43/6232/28 95, museum-mondsee.at
FREILICHTMUSEUM RAUCHHAUS UND BAUERNMUSEUM: Hilfberg 6, 5310 Mondsee, Tel. +43/664/340 60 20, museum-mondsee.at
ALPENSEEBAD MONDSEE: Seebadstraße 3, 5310 Mondsee, Tel. +43/ 6232/22 91, gemeinde-mondsee.at

CAMP MONDSEELAND

ADRESSE: Punzau 21, 5310 Tiefgraben, Tel. +43/6232/26 00, campmondsee.at
ANFAHRT: Die A 1 (Westautobahn) an der Abfahrt Mondsee (Exit 264) verlassen, weiter auf der B 154 in Richtung Irrsee/Straßwalchen – nach ca. 1500 m im Kreisverkehr die dritte Ausfahrt (Weißensteinstraße) nehmen und der Beschilderung »CAMP MondSeeLand« folgen.
GPS: 47.86647, 13.30632

Sehr komfortabel ausgestatteter Campingplatz in abgeschiedener ländlicher Umgebung im grünen Hügelland zwischen den Seen. Viele Parzellen bieten einen weiten Bergblick. Buschreihen durchziehen das gestufte Wiesengelände, vereinzelt spenden hohe Laubbäume Schatten. Ein 6 mal 12 Meter großes, überdachtes und beheiztes Freibad beschert Badespaß von Mai bis September. Der große Spielplatz ist ein Paradies für kleine Klettermaxen und Buddler. Gäste mit Hund schätzen den Hundespazierweg und das Hundefreilaufgelände am Ritzenbach. Dort in der Nähe befindet sich auch der Abenteuerspielplatz Robinsontal, der zum Toben und Planschen einlädt.

◀ Prachtvoll ausgestattete Basilika St. Michael ▲ Camp Mondseeland
▼ Das dazugehörende halb offene Freibad

AUSTRIACAMP MONDSEE

ADRESSE: Achort 60, 5310 Mondsee, Tel. +43/664/832 63 27, austriacamp.at

ANFAHRT: Auf der A 1 bis Abfahrt Mondsee (Exit 264/265), weiter über die B 154 in Richtung St. Gilgen, nach 5 km links abbiegen, dann noch 1 km auf einspuriger Straße

GPS: 47.83, 13.3654

Campingplatz mit sehr guten Einrichtungen in ruhiger, ländlicher Umgebung mit Premiumplätzen direkt am Wasser und schöner Aussicht über den See. Baumreihen, Büsche und Wege durchziehen das ebene Wiesengelände. Die Standardparzellen sind etwas zu knapp bemessen. Am 100 m langen, befestigten Ufer verläuft eine etwa 10 m breite Liegewiese, der Einstieg ins Wasser erfolgt über eine Treppe. Das Restaurant Naturkuchl bietet Frühstück und ein täglich wechselndes Speiseangebot. Es hat, wie der Platz, von kleinen Pausen abgesehen, ganzjährig geöffnet.

ATTERSEE

Inspiration in den oberösterreichischen Voralpen

Segel- und Badeparadies Attersee am Fuß des Höllengebirges

8

Wenn sich im Sommer ein strahlend blauer Himmel über die Seen im Salzkammergut spannt, leuchtet die Wasseroberfläche des Attersees in intensiven Türkistönen. Ferienorte, die ihren ländlichen Charme bewahrt haben, zahlreiche Strandbäder und stattliche Gründerzeitvillen säumen das Ufer. Wandern und Radfahren sowie Tauchen, Segeln und Windsurfen stehen hier hoch im Kurs.

Der **Attersee**, manchmal auch Kammersee genannt, ist 19,4 Kilometer lang und maximal 3,3 Kilometer breit. Seine Fläche umfasst etwas mehr als 46 Quadratkilometer, was ihn zum größten See im Salzkammergut macht. Neuen Messungen zufolge ist er bis zu 172 Meter tief – und damit drei Meter tiefer als bislang bekannt. Äcker, Wiesen und waldbedeckte Hügel prägen die Umgebung. Eine Ausnahme bildet das Südufer, wo sich über der Straße zwischen Unterach und Steinbach die steilen Felsausläufer des Höllengebirges erheben. Auf große kunsthistorische Schätze trifft man in der Region zwar selten, doch mehr als 100 elegante Villen aus der Zeit der Gründerjahre sorgen für ein nostalgisches Sommerfrische-Flair. Wanderern bietet sich die Möglichkeit, den See auf dem 95 Kilometer langen Weitwanderweg Attersee-Attergau weiträumig zu umrunden. Als schöne Tagestour empfiehlt sich die 48 Kilometer lange Umfahrung mit Fahrrädern, wenngleich die teils dichte Uferbebauung einen durchgehenden Radweg bislang verhindert hat. Viele Gäste möchten in erster Linie baden und Wassersport betreiben. Dafür stehen mehr als ein Dutzend Strandbäder und Badeplätze bereit. Dank des klaren türkisfarbenen Wassers mit einer Sichttiefe bis zu 20 Metern ist der Attersee darüber hinaus ein beliebtes Tauchrevier. Im Sommer weht ab Mittag aus Nordost eine beständige Brise, die Segler und Surfer flott über die Wellen gleiten lässt; sie trägt den poetischen Namen Rosenwind. Motorboote sind in der Badesaison verboten. Ganz im Stil der Jahrhundertwende finden im Sommer vielerorts Freiluftkonzerte statt – begleitet von einer erhöhten Promi-Dichte. Im Juli und August fahren täglich Linienschiffe zu allen wichtigen Seeorten, ab Ostern und im September verkehren sie nur bei schönem Wetter. Wie ausgestorben wirken indes die Ufergemeinden in der Zeit von Oktober bis Mai. Die meisten Campingplätze schließen ebenfalls Anfang Oktober.

8

JEDES JAHR AN einem Sonntag zwischen Ende April und Anfang Juni gehört die Uferstraße rund um den See von 10 bis 16 Uhr ganz den Radfahrern - egal bei welchem Wetter. Zahlreiche Genussstationen begleiten den Weg, viele Orte bieten Unterhaltungsprogramme. Die Fahrpläne der Atterseeschifffahrt sind auf das Event abgestimmt. Pannenfahrzeuge und Shuttle-Busse sind ebenfalls im Einsatz (attersee-attergau.salzkammergut.at).

Villa Grigkar in Unterach

Sonnhof hoch über dem Westufer

INSPIRIERENDER RÜCKZUGSORT

Als schönster Ort der Gegend gilt das erwähnte Unterach am Südwestende in einer weiten, von Bergen umrahmten Bucht. Im geschützten Mikroklima wächst oberhalb der Bundesstraße ein Wald aus ungefähr 80 Edelkastanien. Die Bäume wurden womöglich von den Römern gepflanzt. Ein Lehrpfad (2,5 km) führt durch den Wald. Die ersten Reisenden kamen im 19. Jahrhundert in das Dorf. Damals brachte ein cleverer Wirt jene Kurgäste aus Ischl, die einen Ausflug durch das Weißenbachtal ans östliche Atterseeufer unternahmen, mit Booten an den bis dahin weltentlegenen Flecken. Dieser entwickelte sich darauf zu einem beliebten Treffpunkt von Künstlern, darunter der in Hamburg geborene Komponist Johannes Brahms (1833–1897) und der Wiener Maler Gustav Klimt (1862–1918). Klimt, der durch seine Portraits bekannt geworden war, kam im Jahr 1900 zum ersten Mal an den Attersee, wo er seine Leidenschaft für die Landschaftsmalerei entdeckte. 15 weitere Aufenthalte folgten, in denen er beinahe 50 Gemälde mit Motiven aus der Region schuf. Den pittoresken Seeort hielt er wiederholt auf Leinwand fest. Das Bild »Häuser in Unterach am Attersee« (1916) etwa erzielte auf einer Auktion einen Erlös von 24,6 Millionen Euro. 2003 bedankte sich die Gemeinde für die Publicity mit einer bronzenen Klimt-Büste am Seeufer. Ein Stück oberhalb erhebt sich die barocke Pfarrkirche Sankt Bartholomäus mit ihrem prägnanten Zwiebelturm. Der Chor ist spätgotisch (15. Jahrhundert), das Hochaltarbild soll

In Unterach scheint es, als sei die Zeit stehen geblieben.

vom österreichischen Freskenmaler Bartolomeo Altomonte (1694–1783) stammen. Bemerkenswert sind außerdem das Sakramentshäuschen und die gotische Madonna. Eine der Villen in der Uferstraße gehörte ab 1925 der tschechischen Operndiva Maria Jeritza. Parken kann man im Übrigen am modernen Strandbad mit breitem seichten Kiesstrand am südlichen Ortsrand. Frei zugänglich ist die Freizeitanlage mit Spielplatz neben dem Bad.

AUF SCHUSTERS RAPPEN

Victor Kaplan (1876–1934) war ein steirischer Maschinenbauingenieur und Hochschulprofessor. Er entwickelte die nach ihm benannte Wasserturbine. Seinen Ruhestand verbrachte er auf dem Landsitz Rochuspoint in Unterach. Der eingerichtete Kaplan-Weg gibt auf 12 Stationen Einblicke in sein Leben und Wirken. Er beginnt beim Kaplan-Denkmal im Freizeitgelände am Seeufer, führt über Rochuspoint mit dem Kaplan-Mausoleum bis zum Mondseeufer und an der See-Ache entlang nach Unterach zurück (Länge 8 km, Gehzeit ca. 3 Std.).

Eine ebenfalls sehr schöne Wanderung lässt den Kastanienwald hinter sich und endet nach eineinhalb Stunden Gehzeit am kleinen Egelsee in einem geschützten Hochmoor über dem Westufer. Das Gewässer ist ein Überbleibsel aus der letzten Eiszeit. Sein Ufer ist Lebensraum seltener Pflanzen, wie etwa des fleischfressenden Sonnentaus. Zehn Kilometer nördlich von Unterach liegt das ländlich geprägte Nußdorf - im Sommer ein lebhafter Ferienort, der für seine gepflegten Gaststätten bekannt ist. Hervorzuheben sind zum Beispiel der Gasthof Ragginger mit eigener Metzgerei, das Feinschmeckerlokal 1er Beisl im Lexenhof oder der Braugasthof Aichinger mit urgemütlichem Garten unter Kastanienbäumen. Der Themenweg Wildholzweg informiert an seinen zwölf Schautafeln über das heimische Obst, die Jagd und die Holzgewinnung. Eine rund zweistündige Wanderung führt von Nußdorf auf dem Westwanderweg zur idyllisch im Wald gelegenen **Reiserbauernmühle**, einer restaurierten Getreidemühle aus dem 17. Jahrhundert.

MARIA IN DER SONNE

Der 1600-Einwohner-Ort **Attersee** gehört zu den großen, regattenerprobten Segelsportzentren in Österreich. Das einstige mittelalterliche Verwaltungszentrum liegt fünf Kilometer nördlich von Nußdorf am Fuß der waldreichen Hänge des **Buchbergs**. Bis zum 14. Jahrhundert stand auf

Für einen durchgehenden Radweg fehlt der Platz.

8

dem heutigen Kirchenhügel eine Festung. Sie wurde nachfolgend durch die Pfarr- und Wallfahrtskirche Maria Attersee ersetzt; diese ging aus der gotischen Burgkapelle hervor. Die Kirche erhielt im 18. Jahrhundert eine barocke Innenausstattung, darunter den prächtigen Hochaltar, ein Werk des deutschen Rokoko-Bildhauers Josef Matthias Götz, und das 1652 restaurierte Gnadenbild »Maria in der Sonne«, welches ursprünglich aus Sankt Georgen im Attergau stammte; die beeindruckende Darstellung ist bis heute Ziel zahlreicher Wallfahrer. Ein wunderbarer Ausblick auf die Landschaft und die türkisfarbenen Fluten bietet sich von der Terrasse vor dem Gotteshaus. In unmittelbarer Nähe steht das Fromingerhaus, das älteste Holzhaus in Attersee. An der überschaubaren Seepromenade reihen sich Café, Bar, Info-Pavillon, Minigolfplatz und Schiffsanlegestelle. Auf einer Anhöhe im Südwesten befindet sich der Ortsteil Abtsdorf, einst

Still ruht der Taferl-Klaussee.

Union-Yacht-Club Attersee mit über 130 Jahre Geschichte

ein Besitz des Klosters Mondsee. Die kleine mauerumsäumte Laurentius-Pfarrkirche aus dem 15. Jahrhundert wartet mit drei Barockaltären auf. **Seewalchen** ganz im Nordosten trägt den Beinamen »Tor zum Attersee«. Das Ortszentrum mit der Pfarrkirche zum heiligen Jakob (ebenfalls aus dem 15. Jahrhundert) krönt einen Hang. Ein weithin bekannter Betrieb dort ist die Trachtenmanufaktur Tostmann, in der man auch regionales Kunsthandwerk erwerben kann. Unten an der Seepromenade trifft man wiederum auf zahlreiche alte Villen. Die bekannteste von ihnen ist das Haus Paulick, in dem sich Gustav Klimt sehr oft aufhielt. Sein Lieblingsmalplatz lag beim Bootshaus. Den Alltag eines Jungsteinzeitmenschen zeigen Infotafeln im **Pfahlbau-Pavillon** am Ostende der Promenade. Am gegenüberliegenden Ufer der Ager, dem Abfluss des Sees, befindet sich Schörfling mit dem weißen Schloss Kammer. Das wuchtige Bauwerk beschließt die Spitze einer Halbinsel. Klimt malte es fünfmal. Am Eingang zur Allee, die zum nicht öffentlich zugänglichen Schloss führt, informiert das moderne Gustav Klimt Zentrum mithilfe von multimedialen Präsentationen über die Schaffensperiode des Künstlers am Attersee. Man kann dort auch Kopien seiner Werke bewundern. Die Säulen an der Promenade geben einen Überblick über Klimts Lebenswerk. Einige Klimt-Tafeln sind beweglich und verfügen über quadratische Ausschnitte. Beim Blick durch diese kann man – so wie es der Meister mit einem »Pappsucher« getan hat – seine eigenen »Klimt-Motive« komponieren.

Malerisches Steinbach, ein beliebtes Künstler-Refugium

DER AURACHBACH, DER im Höllengebirge entspringt, bildete einst einen kleinen Moorteich wenige Kilometer östlich des Ostufers. Durch den Bau einer Sperre (Klausmauer) im Jahr 1716 wurde das Gewässer gestaut – mit dem Ziel, das gefällte Holz nach Öffnung der Sperre in einem gewaltigen Schwall ins Tal hinunterzuschwemmen. Ein gut angelegter Wanderweg führt in etwa einer halben Stunde rund um den idyllisch gelegenen Taferl-Klaussee. Ein weiterer Weg führt vom Parkplatz am See auf den Hochleckenkogel.

MAHLERS KÜNSTLERKLAUSE

Das sonnige Dorf Steinbach erstreckt sich auf einem flachen Schwemmkegel, der unterhalb der schroffen Felsen des Höllengebirges idyllisch in den See hinausragt. Der beschauliche Flecken zog ebenfalls Künstler an, wie zum Beispiel Gustav Mahler, der hier komponierte. Mahler bezog 1883 mit Geschwistern, Neffen und Nichten eine Wohnung im Gasthof Pöttinger im Ort. Doch der familiäre Anhang bremste seine Kreativität. Er beschloss daher, ein Komponierhäuschen, oder besser »-häusl«, am Seeufer zu bauen. Der karge Raum mit Ofen, Stuhl, Tisch und Flügel diente ihm vier Sommer als Schaffensstätte. Hier schrieb er Teile seiner zweiten sowie die dritte Symphonie, bei der man das Wellenspiel des Sees und die Wildheit des Gebirges regelrecht mitschwingen hört. Ein von ihm gebasteltes Türschild warnt: »Stören bei Todesstrafe verboten!« Die Hütte ist seit 2016 eine Gedenkstätte. Weitere Infos zum Besuch unter mahler-steinbach.at. Sehr beliebt bei Wanderern ist der fünf Kilometer lange Nikoloweg in Steinbach. Er beginnt als Waldlehrpfad und geht später in einen geologischen Höhenweg über, der den reizvollen Übergang zwischen Kalkalpen und Alpenvorland offenlegt. Sein Verlauf ist streckenweise in den Fels gehauen und bietet immer wieder wunderbare Ausblicke. Der Weg endet beim Hotel Post in Weißenbach, wo im Sommer ein Linienschiff anlegt, um die Wanderer zurück nach Steinbach zu bringen.

Der Attersee von der Straße zum Traunsee aus betrachtet

AUF EINEN BLICK

Info

STADT/REGION: Attersee/Salzkammergut
BESTE REISEZEIT: Juni bis September
OPTIMALE REISEDAUER: 3 Tage
TOURISTINFO: Informationsbüro Nußdorf am Attersee, Dorfstraße 33, 4865 Nußdorf, Tel. +43/7666/77 19 40, attersee-attergau.salzkammergut.at

SEHENSWÜRDIGKEITEN

GUSTAV-KLIMT-ZENTRUM: Hauptstraße 30, 5743 Schörfling, Tel. +43/664/ 828 39 90, klimt-am-attersee.at
KIRCHE MARIA ATTERSEE: Kirchenstraße, 4864 Attersee am Attersee, Tel. +43/7666/78 56, dioezese-linz.at/attersee
ATTERSEE-SCHIFFFAHRT: Büro am Bahnhof, Nußdorferstraße 8, 4864 Attersee am Attersee, Tel. +43/664/607 95 29 00, atterseeschifffahrt.at

SEECAMPING GRUBER

ADRESSE: Dorfstraße 63, 4865 Nußdorf, Tel. +43/7666/80 45, camping-gruber.at
ANFAHRT: Die A 1 Salzburg–Wien an der Abfahrt St. Georgen verlassen, weiter nach Attersee, dann noch ca. 3 km auf der B 151 bis zum Südrand von Nußdorf
GPS: 47.87974, 13.52449

◀ Privates Bootshaus in Unterach ▶ Info-Tafel der Gemeinde Steinbach

Stellplatz am Gasthof Rosslwirt

Das lang gestreckte Wiesengelände mit Laub- und Nadelbäumen verläuft am Ortsrand zwischen Uferstraße und See; es bietet 80 Stellplätze für Touristen und sehr gute sanitäre Einrichtungen. Für die Badegäste steht eine 900 Quadratmeter große Liegewiese mit Badesteg und ein beheiztes Edelstahl-Schwimmbecken (25 x 10 m) direkt daneben zur Verfügung. Ortszentrum und Bushaltestelle liegen nur ein paar Schritte entfernt.

STELLPLATZ ROSSLWIRT

ADRESSE: Halt 4, 4881 Strass im Attergau, Tel. +43/7667/71 08, a1-stellplatz-rosslwirt.at

ANFAHRT: Auf der A 1 bis Abfahrt Oberwang, weiter über die L 541 in Richtung Strass im Attergau, nach 4 km noch vor dem Ort rechts in einen Seitenweg abbiegen.

GPS: 47.90493, 13.44681

Einfach ausgestattetes Mini-Camp für maximal 10 Wohnmobile an einem Landgasthof/Motel mit Pferdekoppel und Bogenschießanlage. Die Autobahn liegt in Hörweite. Man kann zwischen 14 und 24 Uhr anreisen, warme Küche gibt es bis 21 Uhr. Bei Verzehr im Restaurant erhält man einen Nachlass auf die Stellplatzgebühr. Frühstück auf Anfrage. Ein asphaltierter Bodeneinlass und sechs Stromanschlüsse stehen bereit.

TRAUNSEE UND BAD ISCHL

Naturerlebnisse entlang der Traun

Der Traunstein zieht alle Blicke auf sich.

9

Der Traunsee ist mit einer maximalen Tiefe von 191 Metern der tiefste See der Alpenrepublik. Das lässt Taucherherzen höher schlagen. »Drehende Winde« begeistern Segler und Surfer. Und der kegelförmige Traunstein, auch »Wächter des Salzkammerguts« genannt, zieht Bergsteiger magisch an. Und zur Entspannung gibt es das historisches Kurstadt-Flair von Bad Ischl.

Das »weiße Gold« aus Hallstatt nahm einst auf Schiffen über die Traun und den Traunsee – sie durchfließt ihn von Süd nach Nord – seinen Weg in die ganze Welt. Erste Station war die Stadt Gmunden am leicht hügeligen Nordufer. Sogenannte Salzfertiger pressten dort das Salz für den Weitertransport. Sie wurden dadurch sehr wohlhabend, wie ihre stattlichen Häuser im historischen Zentrum belegen. Im Jahr 1745 erhob Kaiserin Maria Theresia die Salzkammer, die seinerzeit zuständige Behörde, per »Hof-Deputations-Resolution« zum Salzoberamt. Zu Anfang des 19. Jahrhunderts sahen viele das Ende der Blüte des Salzhandels nahen, weshalb die Bürger begannen, neue Einnahmequellen ins Auge zu fassen und zu erschließen. Die Entwicklung zur Kurstadt und die damit einhergehende legendäre Konkurrenz mit Bad Ischl nahmen zu diesem Zeitpunkt Fahrt auf. Die Gmundner Seepromenade zählt zu den schönsten im Salzkammergut. Der Halbinsel »Toskana« vorgelagert ist das malerischen Seeschloss Ort. Es diente bis Anfang der 2000er-Jahre als Kulisse für die Filmaufnahmen zur populären TV-Serie »Schlosshotel Orth«. Darüber hinaus war die Stadt im 17. Jahrhundert ein wichtiges Zentrum der Keramikherstellung. Aus jener Zeit stammen die ersten Entwürfe für das typische grüngeflammte Dekor.

TRAUMHAFTE AUSSICHT AUF DEN TRAUNSTEIN

Nur das sich anschließende, flach ansteigende Westufer bot ausreichend Platz für eine weitere Besiedlung. Hier reihen sich von Nord nach Süd die Gemeinden Altmünster, Traunkirchen und Ebensee. Egal, in welcher von ihnen man sich aufhält: Immer fällt der Blick auf den Traunstein auf der Seeseite gegenüber, einen mächtigen kegelförmigen Kalksteinklotz. Geübte Kraxler erklimmen den Gipfel in drei Stunden. Weil dieser an manch klaren Tagen Fernsichten von bis zu 100 Kilometern ermöglicht, trägt der Traunstein den Beinamen »Wächter des Salzkammerguts«. Der Miesweg

9

weit unterhalb ist auch für Nicht-Alpinisten gut zu begehen. Er führt – mit Holzstegen gesichert – am sonst kaum erschlossenen Ostufer entlang und gewährt wunderschöne Panoramen. Ausgangspunkt ist in beiden Fällen der Hois´n Wirt, wo in der Hochsaison auch die Fahrgastschiffe der Traunseeschifffahrt anlegen. Die Breite des Traunsees beträgt maximal drei Kilometer. Bedingt durch seine beeindruckende Tiefe – sie beträgt bis zu 191 Meter – beträgt die Wassertemperatur selten mehr als 20 Grad Celsius. Im Sommer besteht auf dem See ein Motorbootverbot. Schon den Römern gefiel das Gewässer sehr: Sie tauften es »Lacus felix« – »Glücklicher See«. Ein besonderes Licht durchflutet die Säulenhalle der barocken Pfarrkirche in Traunkirchen und lässt die »Fischerkanzel« erstrahlen, das Prunkstück des Gotteshauses. Wer das filigrane, üppig vergoldete Schnitzwerk 1753 schuf, ist nicht bekannt. Auf der Kanzel in Form eines Bootes ist das Wunder des reichen Fischfangs dargestellt: Die Apostel Jakobus und Johannes hieven ein prall gefülltes Netz über die Bordkante. Silberfarbene Kaskaden geben das ins Meer zurückfließende Wasser wieder. Die plastischen

Traunsee am Westufer bei Winkl

Gut besuchtes Strandbad am Vorderen Langbathsee

Darstellungen erwecken beim Betrachter das Gefühl, die Szene auf stürmischer See hautnah mitzuverfolgen. Gegenüber dem Gotteshaus erhebt sich malerisch auf einem mächtigen Felsen zwischen Buchen und Eiben die Johanneskapelle. Von oben genießt man einen traumhaften Ausblick über den See. Einen besonderen Schatz birgt darüber hinaus die Holzkapelle auf dem Kalvarienberg, die 1696 Jesuiten hoch über dem Ort errichteten. Die Fresken im Inneren bilden einen ungewöhnlichen Motivmix, der die Kreuzigungsgruppe in Jerusalem mit einem Alpenpanorama im Hintergrund zeigt. In den Räumen des früheren Nonnenklosters Traunkirchen kann man kostbare Handarbeiten, wie etwa gestickte »Goldhauben«, Kopftücher, Polster oder Spitzenhandschuhe bewundern.

DAS JAGDREVIER IHRER MAJESTÄT

In Ebensee zweigt eine schmale Straße in Richtung Westen ab; sie führt zu den beiden Langbathseen. Es gab bestimmt viele Gründe, weshalb sich der selige Kaiser Franz Joseph 1870 ausgerechnet am Westufer des **Vorderen Langbathsees** ein Jagdschloss bauen ließ. Zum einen war der passionierte Jäger und Naturfreund im damals 22. Jahr seiner Regentschaft schon viel im Land herumgekommen und kannte daher die schönsten Gegenden und besten Hirschreviere – zum anderen fand er in diesem weltentlegenen Tal im Höllengebirge mit Aussicht auf den Brunnkogel die notwendige Ruhe, um sich von der schwierigen und aufreibenden Regierungsarbeit zu erholen. Ideal war auch die Nähe zur Kaiservilla in Bad Ischl, wo der Monarch und seine Sisi häufig den Sommer verbrachten. Das Wasser des

Der Langbathsee lädt zum Träumen ein.

Sees schimmert türkis, ist glasklar und frisch – bietet also an heißen Tagen eine ideale Abkühlung. Der **Hintere Langbathsee** ist dagegen streng geschützt, weshalb ein Badeverbot besteht. Am vorderen See gibt es für Wohnmobile neben dem großen Parkplatz am Strandbad einen einfachen kostenpflichtigen Stellplatz auf einem umzäunten früheren Tennisplatz. Tickets sind nebenan in der Gaststätte Langbath-Stüberl erhältlich. Das Parken außerhalb des Zaunes ist für Wohnmobile ab 22 Uhr verboten. Um die Seen führt ein herrlicher Rundweg. Er ist kinderwagentauglich und auch bei Radfahrern beliebt. Startet man am Parkplatz auf der linken Seite, folgt zunächst ein breiter Schotterweg, der etwas entfernt vom Wasser verläuft. Doch immer wieder bietet sich die Gelegenheit, auf schmalen Pfaden hinunter zum See zu gehen. Auf halber Strecke zum etwa drei Kilometer entfernten Hinteren Langbathsee passiert man das ehemalige Jagdschloss des Kaisers.

Der hintere See ist zweifelsfrei der romantischere von beiden: An seinem Ufer tummeln sich viele Enten, Fische springen und schnappen nach Insekten, dazu umschließen Wald und Fels das stille Gewässer. Die Forststraße auf der anderen Uferseite führt wieder zurück zum Ausgangspunkt. Die Gesamtgehzeit beträgt etwa zwei Stunden. Im Winter drehen Eisläufer auf den zugefrorenen Flächen ihre Pirouetten und Langläufer umrunden die Seen auf einer acht Kilometer langen Naturloipe. Das Höllengebirge über den Seen ist ein steil aufragendes Kalkmassiv. Es erstreckt sich über

16 Kilometer zwischen dem Attersee im Westen und dem Traunsee im Osten. Der Name rührt von den vielen Karsthöhlen her. Einer Sage nach soll der Teufel eine bösartige Pfarrersköchin aus Steinbach am Attersee am Arm gepackt haben und mit ihr über das Gebirge gesprungen sein. Da sie sich dabei so stark wehrte, konnte er nicht hoch genug springen, sodass er mit ihr mitten in das Gebirge hineinstürzte und dabei mit ihr durch den Fels direkt in die Hölle hinabfuhr.

Tipp

Am Langbathbach, dem Abfluss des Vorderen Langbathsees, haben Surf-Anfänger und erfahrene Surfer in der Fluss-Surf-Anlage und Surf-Schule The.Riverwave die Möglichkeit, erste Erfahrungen auf dem Brett zu sammeln beziehungsweise ihre Technik mithilfe künstlicher Wellen weiter zu verbessern (theriverwave.com).

DER RÜCKZUGSORT DER KAISERIN

Vom Stellplatz auf dem Parkplatz Kaiserinsel in der lebhaften Kleinstadt **Bad Ischl** sind es nur wenige Schritte bis zum Zentrum. Auf der rechten Seite befindet sich der (kostenpflichtige) Zugang zum Kaiserpark mit der Kaiservilla. Die 17 Hektar große Anlage im Stil englischer Landschaftsgärten zieht sich an einem Hang hinauf. Unten am Ufer der Ischler Ache steht die bescheidene gelbe Villa. Ein Stück oberhalb entstand 1861 ein luxuriös eingerichtetes Teehaus, Elisabeths Lieblingsplatz. Das »Marmorschlössl«

◀ Es gibt auch einsame Plätzchen. ▶ Fluss-Surf-Anlage am Langbathbach

9

diente als Frühstückscafé, sie verfasste darin Gedichte und machte ihre Turnübungen. Die prächtigen Räume mit ihren Kassettendecken bergen heute das sehenswerte Photomuseum des Landes Oberösterreich. Es zeigt die Entwicklung der Fotografie anhand von zahlreichen Exponaten, wie etwa die schweren riesigen Plattenkameras aus den Anfangsjahren oder spätere Kompaktmodelle bis zu versteckten Spionagekameras in Buchrücken. Die Kaiserin, der man wohl nicht zu Unrecht Jugendwahn nachsagte, hielt überhaupt nichts von dem damals hochumjubelten neuen Medium, das schonungslos das Älterwerden dokumentiert. Ab ihrem 32. Geburtstag mied Sisi jede Linse.

Im kleinen Ischler Kurpark spaziert man an gepflegten Blumenbeeten vorbei. Das dort anno 1873 erbaute mondäne Kurhaus fungiert heute als Theater und Kongresszentrum. In der nahe gelegenen Pfarrgasse 7 backen 30 Konditoren in der Zauner Konditorei, der ehemaligen k.-u.-k.-Hofzuckerbäckerei, täglich Torten, Pralinen und Gugelhupfe. Berühmt seit 100 Jahren: die Süßspeise Zaunerstollen mit nougatartiger Haselnussschokolade und Oblatenstücken. Im historischen Ortskern erinnern Trinkhalle, das Kur- und spätere Lehártheater und die Kurapotheke an das

Die wunderschöne Villa Traun wurde 1889 erbaut.

Ehemaliges Kurhaus in Bad Ischl

goldene Zeitalter. Im Ortsteil Kaltenbach bringen nostalgische 4er-Gondeln Ausflügler auf die **Katrinalm** in 1416 Meter Höhe. Von der Bergstation führt ein felsiger serpentinenreicher Weg hinauf zum Katringipfel, wo sich ein grandioser Blick auf Ischl eröffnet.

AUSSERGEWÖHNLICHES ANWESEN

Südlich der Stadt, zwischen dem Denkmal »Kaiser-Jagdstandbild« und dem Ort Lauffen, lugt zwischen den Bäumen ein eigentümliches Bauwerk, das einer Stabkirche ähnelt, hervor. Es handelt sich hierbei um die Villa Blumenthal, einen Holzbau mit hohem Viereckturm, Veranden und steilen Schindeldächern. Er wurde 1890 in Berlin gezimmert. Drei Jahre später stellte die Konstruktion ohne Eisennägel eine der Attraktionen auf der Weltausstellung in Chicago dar. Oskar Blumenthal, ein Berliner Lustspielautor, war so fasziniert von diesem Haus, dass er es kaufte und zerlegt in Kisten per Schiff und Bahn nach Ischl bringen ließ. Die Villa gilt daher als Europas erstes Fertighaus.

Tipp

Das Museum Fahrzeug-Technik-Luftfahrt direkt an der Straße nach Bad Goisern präsentiert in einer Halle und auf dem umliegenden Freigelände eine vielseitige Sammlung historischer Fahrzeuge – angefangen bei Fahrrädern über Motorräder, Traktoren und Feuerwehrautos bis zu Lokomotiven, Panzern und Jagdbombern. Sie spiegelt die technischen Entwicklungsschritte im 20. Jahrhundert wider und weckt bei den älteren Semestern so manch schöne Erinnerung (fahrzeugmuseum.at).

AUF EINEN BLICK

Info

STADT/REGION: Gmunden und Bad Ischl im Salzkammergut
BESTE REISEZEIT: Mai bis September
OPTIMALE REISEDAUER: 4 Tage
TOURISTINFO: Gästezentrum Tourismusverband Traunsee-Almtal, Toscanapark 1, 4810 Gmunden, Tel. +43/7612/744 51, traunsee-almtal.salzkammergut.at

SEHENSWÜRDIGKEITEN

LAND- UND SEESCHLOSS ORT: Ort 1, 4810 Gmunden, Tel. +43/7612/79 44 81, schlossort.gmunden.at
GMUNDNER KERAMIK-MANUFAKTUR: Keramikstraße 24, 4810 Gmunden, Tel. +43/7612/786 10, gmundner.at
HANDARBEITSMUSEUM: Klosterplatz 2, 4801 Traunkirchen, Tel. +43/664/540 13 64, goldhauben.info
KAISERVILLA UND PHOTOMUSEUM: Jainzen 38, 4820 Bad Ischl, Tel. +43/6132/232 41, kaiservilla.at

CAMPING TRAUNSEE

ADRESSE: Hauptstraße 14, 4813 Altmünster, Tel. +43/7612/893 13, camping-traunsee.at
ANFAHRT: Aus Richtung Salzburg die A 1 an der Ausfahrt Regau verlassen, dann über Gmunden nach Altmünster
GPS: 47.90281, 13.76947

◀ Übernachtungsmöglichkeit am Langbathsee ▶ Beliebter Stellplatz Kaiserinsel

Die perfekte Welle reiten

Terrassiertes Areal mit 38 Touristenplätzen in Ortsmitte mit schöner Aussicht auf die Berge. Geschäfte, Friseur, Apotheke oder Arzt sind nur maximal fünf Gehminuten entfernt. An den Campingplatz schließen sich unter anderem an: ein Kinderspielplatz, Beachvolleyballplätze, Tennisanlage, Wasserskischule und eine Schiffsanlegestelle sowie Restaurants und Bars. Es sind mehrere Einstiegsstellen ins Wasser vorhanden, dazu ein langer Badesteg. Die erste Reihe am See ist Dauercampern vorbehalten.

STELLPLATZ PARKPLATZ KAISERINSEL

ADRESSE: Götzstraße, 4820 Bad Ischl, Tel. +43/6132/27 75 70, badischl.com

ANFAHRT: Von der B 158 vom Wolfgangsee oder der B 145 aus Richtung Traunsee kommend findet man den Platz gleich am Ortseingang von Bad Ischl auf der rechten Seite.

GPS: 47.71472, 13.62389

Die ebenen asphaltierten Stellplätze für insgesamt acht Wohnmobile mit einer Länge von maximal sieben Metern liegen in der Einfahrtszone eines beschrankten Großparkplatzes in der Nähe der Kaiservilla. Zur Verfügung stehen eine Ver- und Entsorgungsstation sowie Stromanschlüsse. Der Park- beziehungsweise Stellplatz ist nachts beleuchtet.

WOLFGANGSEE

Sport, Kultur und Natur im Herzen des Salzkammerguts

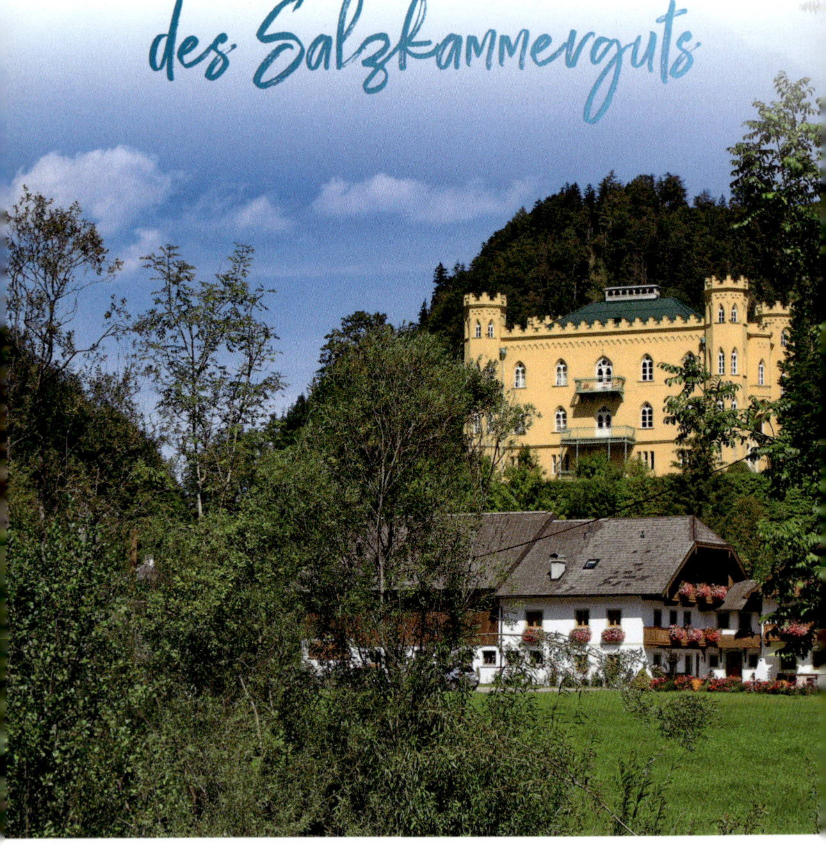

Schloss Hüttenstein zwischen Mondsee und Wolfgangsee

10

Sanft geschwungene Berge, schroff abfallende Felshänge und waldreiches Hügelland umrahmen den Wolfgangsee. Der See und seine Umgebung zählen zu den am meisten besuchten Urlaubsregionen in Österreich. Neben Surfen, Segeln und Tauchen stehen Klettern, Mountainbiken und Wandern hoch im Kurs. Darüber hinaus wartet die Region mit kulturgeschichtlich bedeutsamen Schätzen auf.

Der rund 13 Quadratkilometer große und bis zu 114 Meter tiefe Wolfgangsee hieß über Jahrhunderte hinweg Abersee. Der Ursprung dieses Namens ist ungeklärt. Die Benennung nach dem Seeort Sankt Wolfgang findet man in den Annalen zum ersten Mal im Jahr 1381. Doch dieser Name konnte sich lange Zeit nicht durchsetzen, er wurde erst nach dem Zweiten Weltkrieg mit dem Einsetzen des Tourismus gebräuchlich. Die sonnige Lage am Nordufer, die berühmte Wallfahrtskirche und die Filmoperetten-Seligkeit der Vor- und Nachkriegszeit haben Sankt Wolfgang im Salzkammergut in aller Welt bekannt gemacht. Der Ort ist über 1000 Jahre alt und liegt heute fast gänzlich auf oberösterreichischem Gebiet. Anno 976 zog sich der Regensburger Bischof Wolfgang in das Kloster Mondsee zurück und beschloss, am Nordrand des Abersees mit eigenen Händen – so die Legende – eine kleine Holzkirche zu bauen. Er weihte sie Johannes dem Täufer. Als er entschied, die Gegend wieder zu verlassen, wollte die Kirche mit ihm ziehen. Der Geistliche befahl ihr, an ihrem Standort zu bleiben, um den armen Seelen Trost zu spenden. Da man dem Bischof eine Vielzahl an Heilungen und Wunder nachsagte, wurde er 1052 heiliggesprochen. Das Kirchlein entwickelte sich nach und nach zur prachtvollen Wolfgangskirche. Sie stieg im 16. Jahrhundert zu einem der bedeutendsten Wallfahrtsorte in Europa auf.

»DA KANN MAN GUT LUSTIG SEIN«

Eine neue Blütezeit begann 1823 mit der Eröffnung der ersten Kureinrichtungen im nahen Ischl. Sankt Wolfgang wurde zum sommerlichen Badeziel der Kurgäste. 70 Jahre später eröffnete die Zahnradbahn auf den **Schafberggipfel** mit fantastischem Rundblick auf Mondsee, Attersee und Wolfgangsee. Die Sesselträger im Ort verloren von einem Tag auf den anderen ihre Arbeit und mussten ihren Beruf aufgeben. Die Bahn überwindet in 40 Minuten auf einer Strecke von sechs Kilometern beeindruckende 1200 Höhenmeter. Seit der Uraufführung des Singspiels »Im Weißen Rössl« des Komponisten Ralph Benatzky (1884–1957) im Jahr 1930 entwickelte sich die Gemeinde zu einem der am häufigsten besuchten Ausflugsziele in Österreich. Die Operette wurde siebenmal verfilmt. Die berühmteste Version von 1960 mit Peter Alexander trat eine Lawine los: Tausende von Fans machten sich in den Folgejahren auf, den Schauplätzen der Liebeskomödie um die Wirtin Josepha und ihren Kellner Leopold nachzuspüren – im Blickpunkt vor allem das Hotel Zum Weissen Rössl. Es ist seit 110 Jahren im Besitz der Familie Peter und eine weltbekannte Institution. Nicht weit davon befinden sich die Anlegestellen der **Wolfgangseeschifffahrt**. Die Schiffe sind von Ende Mai bis Ende Oktober und über die Festtage im Winter in Betrieb. Heute wie damals rollen Kutschen über den Markt. Die malerischen Gassen und historischen Giebelhäuser sehen noch fast genauso aus wie früher. Trotz der Heerscharen von Tagesgästen

Imposante Falkensteinwand am Nordufer des Wolfgangsees

Prächtige Aussicht auf St. Wolfgang

konnte sich der Ort seinen Zauber und seine Beschaulichkeit größtenteils bewahren. Auch in der kalten Jahreszeit kommen viele Gäste: Über die Grenzen hinaus bekannt ist der Sankt Wolfganger Advent, einer der schönsten seiner Art im Salzkammergut. Hauptsehenswürdigkeit ist ganz klar die Pfarrkirche Sankt Wolfgang mit ihrem reich verzierten Flügelaltar von Michael Pacher (1435–1498). Den Auftrag für dieses einzigartige Kunstwerk erhielt der Südtiroler Maler und Bildschnitzer im Jahr 1471. Er benötigte zehn Jahre bis zur Fertigstellung; der Altar ist der einzige vollständig erhaltene des Meisters. Er ist 10,90 Meter hoch und seine Breite bei geöffneten Flügeln beträgt 6,60 Meter. Im Mittelschrein des Altars ist Maria als gekrönte Fürbitterin vor Christus kniend zu sehen, flankiert von den Heiligen Wolfgang und Benedikt. Ein weiteres Schmuckstück ist der barocke Doppelaltar des Bildhauers Thomas Schwanthaler (1634–1707) aus dem Jahr 1676. Er sollte den aus der Mode gekommenen gotischen Pacher-Altar ersetzen. Doch als Schwanthaler diesen zum ersten Mal sah, geriet er über ihn derart in Verzückung, dass er darauf bestand, den alten an seinem Platz zu belassen und den neuen Altar an seinem jetzigen Standort aufzustellen. Die mit jeder Menge Gold und vielen Figuren geschmückte Kanzel schuf der bereits an anderen Stellen genannte Künstler Meinrad Guggenbichler. Auf dem Friedhof am östlichen Ortsrand ruhen die deutsche Schauspielerlegende Emil Jannings (1884–1950) sowie der besagte österreichische Tondichter Ralph Benatzky.

Sommerfrische St. Gilgen

SO GAR NICHT TRAURIG, TRAURIG, TRAURIG

An der Ostspitze des Sees liegt Strobl. Seinen Namen verdankt der traditionelle Ferienort angeblich einem Mann mit besonders strubbligen Haaren. Die einen sagen, es sei ein Fischer im 14. Jahrhundert gewesen, andere ein Amtsmann des Fürsterzbischofs 200 Jahre später. Die »Strobls« waren lange Zeit die reichsten Bürger des Dorfes. Dessen Kern fällt zum Seeufer ab, eine reizvolle kleine Promenade schließt sich an. Fabrikanten, Grafen, Kommerzienräte, Erzherzoge und ihre Mätressen machten hier einst Urlaub. Der Schauspieler Theo Lingen (1903–1978) lebte mit Unterbrechungen viele Jahre im Ort; seit 2006 erinnert an Lingen auf dem nach ihm benannten Platz eine Büste mit fröhlich verschmitzt lächelndem Komikergesicht.

Tipp

Von Strobl aus verläuft eine gebührenpflichtige Bergstraße auf die 42 Quadratkilometer große, rund 1300 Meter hoch gelegene Postalm, die mit schönen Wanderwegen erschlossen ist. Urige Almhütten warten auf hungrige Gäste. Ihr Name rührt von den Bad Ischler Postpferden, die sich dort seit 1862 zur Sommerweide aufhielten. Bis heute weiden dort jährlich etwa 2000 Tiere. Für Wohnmobile besteht ein Übernachtungsverbot (postalm.at).

10

Nördlich von Strobl liegt der Bergsee Schwarzensee; man erreicht ihn auf der Straße nur über Rußbach. Das stille, tiefdunkle Gewässer lässt sich bequem vom Parkplatz (gebührenpflichtig) in einer Stunde umrunden. Mit kulinarischen Gaumenfreuden verwöhnt das Seegasthaus Alm-Stadl. Die Salzkammergutbahn verband ab 1890 Ischl mit Strobl. Die Linie wurde 1957 eingestellt, auf ihrer Trasse entstand später ein Radweg. Dieser setzt sich am Südufer fort. Man gelangt auf ihm etwa zur Halbinsel Abersee, den Schwemmkegel des Zinkenbachs. An dieser Stelle ist der Wolfgangsee nur rund 240 Meter breit; das Abersee-Ufer säumen elf Campingplätze. Zwischen der Spitze der Halbinsel und Sankt Wolfgang drüben am Nordufer verkehrt die »Corso«, eine Personen- und Fahrradfähre. Der See entstand durch die Erosion des Traungletschers vor etwa 15 000 bis 10 000 Jahren. Sein Wasser ist sehr klar, was viele Taucher anlockt. Ein beliebter Tauchplatz für Profis befindet sich am sogenannten Schotterplatz bei der Franzosenschanze am Südwestufer. An dieser Stelle verläuft eine etwa 40 Meter abfallende Unterwassersteilwand.

Herrlich, hier zu sitzen – und dem Treiben auf dem See zuzusehen.

10

RUND UM DAS »MOZARTDORF«

Am Nordwestrand des Wolfgangsees breitet sich Sankt Gilgen aus, benannt nach dem heiligen Ägidius (650–710). Der Ort entstand aus einer Pilgerherberge für die Wallfahrer aus Bayern auf ihrem Weg nach Sankt Wolfgang. Dessen touristischer Aufschwung ließ auch Sankt Gilgen zu einer vielbesuchten Sommerfrische heranwachsen. Berühmtester Gast seinerzeit war der Chirurg Theodor Billroth (1829–1894), ein weltweit anerkannter Medizinpionier. Alt-Bundeskanzler Helmut Kohl (1930–2017) urlaubte dort fast 30 Sommer hintereinander – stets betont leger gekleidet. Das Städtchen besitzt einen charmanten Kern mit Häusern im Inn-Salzach-Stil und aus der Zeit der Bäderarchitektur. Es nennt sich »Mozartdorf«, wenngleich das Salzburger Wunderkind nie dort wohnte. Der Hintergrund ist, dass Mozarts Mutter, Anna Maria Pertl, 1720 in einem Haus im Ort in der Nähe des Ufers geboren wurde. Darüber hinaus zog seine ältere Schwester Maria Anna, genannt Nannerl, 1784 an der Seite ihres Mannes für einige Jahre bis zu dessen Tod in das Geburtshaus der Mutter; es ist seit 2008

St. Gilgen wirkt nach wie vor sehr beschaulich.

Zum Baden nur einen Schritt nach vorn

ein Museum und beleuchtet das Leben der ebenfalls sehr begabten Musikerin Nannerl. Die spätgotische Pfarrkirche Sankt Ägidius wurde später umfassend barockisiert. Die Bilder der Seitenaltäre malte mutmaßlich Paul Troger (1698–1762), einer der bedeutendsten Maler dieser Stilepoche in Österreich. Der Hausberg von Sankt Gilgen ist das Zwölferhorn. Es ist mit einer Kabinenseilbahn erschlossen, die Fahrzeit nach oben beträgt 17 Minuten. Sein Gipfel zählt zu den schönsten Aussichtspunkten im Salzkammergut. Prächtige Blicke beschert auch der Abstieg zu Fuß über Elferstein, Sausteigalm und den Berggasthof Weisswand.

AUF DEN SPUREN DER SPRACHE DER BIENEN

Ein empfehlenswerter aussichtsreicher Spaziergang führt vom Kirchenplatz über die alte Mondseestraße und den malerischen Weiler Brunnwinkl zur Fürbergbucht. Am Weg liegt erhöht das Hotel Billroth, das noble ehemalige Anwesen des Mediziners. Nach Brunnwinkl zog es des Öfteren eine andere bekannte Wiener Arztfamilie. Ihr Sohn, der Verhaltensforscher Karl von Frisch (1886–1982), befasste sich eingehend mit der lokalen Tierwelt. Dabei entschlüsselte er die komplexe Tanzsprache der Honigbienen. An einer Felswand entlang folgt nun ein schöner Seeweg bis zum Gasthof Fürberg mit dem Waldbad in der Fürbergbucht im Anschluss. Wer möchte, kann während der Saison von der Gaststätte mit dem Schiff nach Sankt Gilgen zurückfahren.

Ein Spaziergang zum Weiler Brunnwinkl ist Pflicht.

10

ACHT GASTRONOMINNEN AUS der Region Wolfgangsee haben sich 2013 zusammengetan, um als sogenannte Wanderdamen den Urlaubsgästen im Frühjahr und Herbst die Möglichkeit zu geben, die schönsten Flecken – seien sie noch so klein – rund um den See zu entdecken. Die Touren führen über entspannte Pfade zu beliebten Aussichtspunkten und tief im Wald verborgene Seen. Am Schluss wartet eine herzhafte Speck-Käse-Jause (wolfgangseer-wanderwochen.at).

Auf einer kleinen Passhöhe über Brunnwinkl, die zum Mondsee führt, ist eine Parkbucht angelegt. Von dieser eröffnete sich ein weiter Blick über den gesamten Wolfgangsee. Wenig später strahlt in intensivem Gelb auf einem Hügel das neugotische Schloss Hüttenstein, das man leider nicht besichtigen kann. Den Nachfolgebau einer zerfallenen Burg aus dem 15. Jahrhundert ließ ab 1843 der bayerische Feldmarschall Karl Philipp von Wrede errichten. Die früheren Burgherren warfen allerlei Unrat und alte Möbel in den darunterliegenden Krotensee. Man fand sogar Teile einer Kücheneinrichtung auf seinem Grund. Einer Sage nach versank einst ein Fuhrwerk mit Weinfässern im Wasser, das kurz danach ohne Pferde und Fuhrmann in der Donau bei Linz wieder gesichtet wurde. Der See ist privat, das Baden darin nicht gestattet. Gegenüber dem See verspricht das Traditionsgasthaus Batzenhäusl eine genussvolle Auszeit.

◀ Der weltberühmte Pacher-Flügel-Altar ▶ Im Zentrum von St. Wolfgang

AUF EINEN BLICK

Info

STADT/REGION: Wolfgangsee/Salzkammergut
BESTE REISEZEIT: Juni bis September
OPTIMALE REISEDAUER: 3 Tage
TOURISTINFO: Wolfgangsee Tourismus, Au 140, 5360 St. Wolfgang im Salzkammergut, Tel. +43/6138/80 03, wolfgangsee.salzkammergut.at

SEHENSWÜRDIGKEITEN

WALLFAHRTSKIRCHE ST. WOLFGANG: Markt 78, 5360 St. Wolfgang im Salzkammergut, Tel. +43/6138/23 21, dioezese-linz.at/stwolfgang
MOZARTHAUS (NANNERL-MUSEUM): Ischler Straße 15, 5340 St. Gilgen, Tel. +43/6227/202 42, mozarthaus.info
MUSIKINSTRUMENTE-MUSEUM DER VÖLKER: Aberseestraße 11, 5340 St. Gilgen, Tel. +43/676/305 81 48, hoerart.at
WETZLHÄUSL (HEIMATMUSEUM): Pichlerplatz 6, 5340 St. Gilgen, Tel. +43/6227/26 42, heimatkundliches-museum-sankt-gilgen.at

KOMFORTCAMPING BERAU

ADRESSE: Schwarzenbach 16, 5360 St. Wolfgang im Salzkammergut, Tel. +43/6138/25 43, berau.at
ANFAHRT: Von Salzburg kommend auf der A 1 die Abfahrt Thalgau nehmen, dann auf der B 158 über Hof und Fuschl nach St. Gilgen und schließlich bei der Abfahrt Strobl Richtung St. Wolfgang; nach 2 km nach dem Fußballplatz links
GPS: 47.73047, 13.47817

Die Vier-Sterne-Anlage befindet sich direkt am See inmitten von Wiesen und alten Bäumen. Die Stellplätze verfügen zum Teil über einen Abwasseranschluss. Der Sanitärbereich glänzt mit privaten Mietbädern, Fitnessstudio und Sauna. Es gibt ein Restaurant, einen Laden mit Bäckerei und einen Sportgeräteverleih. Mieten kann man dort unter anderem Kajaks, SUP-Boards und Motor- und Elektro-Roller. Die kleinen Gäste schätzen das abwechslungsreiche Kinderprogramm in den Sommerferien, dazu den neuen großen Erlebnisspielplatz. Auch für Wintercamper gibt es spezielle Angebote.

◀ Tretboot außer Seenot ▲ Café Nannerl ▼ Traditionsgasthof Kendler in St. Gilgen

CAMPING WOLFGANGSEE LINDENSTRAND

ADRESSE: Schwand 19, 5342 Abersee, Tel. +43/6227/32 05, lindenstrand.at

ANFAHRT: Von Salzburg kommend die A 1 an der Abfahrt Thalgau verlassen, dann auf der B 158 über Hof, Fuschl, St. Gilgen bis nach Abersee

GPS: 47.73968, 13.4025

Lindenstrand liegt an einem alten Erbhof, eingebettet zwischen Obstbäumen und saftig grünen Wiesen. Das Holz zum Heizen stammt aus dem eigenen Wald. Der 140 Meter lange Strand ist leicht abfallend, es gibt Liegeflächen und einen Badesteg. Zur Verfügung stehen 147 Touristenplätze. Eine Lounge, ein Selbstbedienungsladen mit Vollsortiment und ein Fahrrad-, E-Bike- und Kajak-Verleih sowie eine Ver- und Entsorgungseinrichtung gehören ebenfalls zum Angebot. Regelmäßig macht ein Food Truck mit südamerikanischem Streetfood auf dem Campingplatz Station. Auch Spielplätze für Kinder aller Altersgruppen stehen bereit.

HALLSTÄTTER SEE UND GOSAUSEEN

Besondere Perlen bei Bad Goisern

Stand-up-Paddling-Paradies Vorderer Gosausee

11

Das Gebiet nördlich des Dachsteinmassivs um den Kurort Bad Goisern bildet den historischen Kern des Inneren Salzkammerguts. Das Leben rund um den fjordartigen Hallstätter See wurde über Jahrtausende vom Salzabbau geprägt. Die Bergseen Vorderer Gosausee und Hinterer Gosausee – umrahmt von einer grandiose Gipfelkulisse – gehören ohne Frage zu den schönsten in den Ostalpen.

Die 7500 Einwohner zählende Marktgemeinde Bad Goisern am Hallstätter See ist ein Zentrum des Brauchtums und der Handwerkskunst. Ihr bekanntestes Produkt ist der »Goiserer«, ein robuster genagelter Bergschuh, mit dem schon Kaiser Franz Joseph auf die Jagd ging. Die Kurstadt schmücken Holzhäuser mit alten Bäumen in den Gärten. In der Kirchengasse fällt der Blick auf ein schönes Ensemble von Giebelhäusern aus dem 16. und 17. Jahrhundert. Der Liedermacher und »Alpenrocker« Hubert von Goisern ist, wie sein Künstlername vermuten lässt, in der Stadt geboren, und zwar unter dem Namen Hubert Achleitner. An der Nordseite des Kurparks erinnert das Heimat- und Landlermuseum an das Zeitalter der Protestanten-Vertreibungen. Landler nennt man jene Protestanten, die im 18. Jahrhundert während der Gegenreformation aus dem Salzkammergut nach Siebenbürgen deportiert wurden – beziehungsweise deren Nachkommen, die dort eine eigenständige bäuerliche Kultur entwickelten. Sie mieden den Kontakt mit anderen Volksgruppen, wie etwa den deutschstämmigen Sachsen, die schon lange vor ihnen in Siebenbürgen lebten. Beim Gottesdienst herrschte in den Kirchen am Südostrand der Donaumonarchie eine strikte Trennung der umgesiedelten Minderheiten. Die Landler waren gottesfürchtig, sehr fleißig und trugen spezifische Trachten – unter anderem bestehend aus einem langen Mantel für den Mann und einer weißen Schürze für die Frau. Sie stellten kunstvoll geschnitzte Truhen und aufwendig gearbeitete Stickerzeugnisse her und dekorierten mit ihnen ihre Stuben. Die Ausstellung gibt einen guten Einblick in den lange Zeit abgeschotteten Alltag dieser Gemeinschaft, die zwar den Kommunismus überstand, nicht aber den Exodus aus dem heutigen Rumänien, der 1990 einsetzte. Die »Rückkehrer« spendeten dem Museum die schönsten Zeugnisse ihrer früheren Alltagskultur, damit sie nicht in Vergessenheit gerät. Im Obergeschoss erfährt man viel Wissenswertes über die kul-

11

turellen Eigenheiten im Goisertal. Kunst von lokalen Handwerkern, wie etwa einer Dirndl-Schneiderin, präsentiert das Handwerkhaus im Schloss Neuwildenstein im Südosten des Kurparks. Im »Meistersommer« von Juli bis September und in der Adventszeit finden Schaudarbietungen statt.
Von bewaldeten Steilhängen umschlossen, erstreckt sich der wenige Kilometer südlich gelegene **Hallstätter See** in einem schattenreichen, langen Tal – bewacht vom Hohen Sarstein im Osten und dem westlich aufragenden Plassen, der im Innern das berühmte Hallstätter Salz birgt. Über dem Südufer erheben sich Hirlatz- und Seewand, Nordabbrüche der Dachsteingruppe. Sie verhindern den Ausblick auf Dachsteingipfel und -gletscher. Auf dem sehr dunklen, nahezu schwarzen Wasser des Sees kreuzen Plätten und weiße Linienschiffe. Die Traun bildet Zu- und Abfluss. Am Nordufer, wo sie den See verlässt, entstand 1511 ein Wehr, mit dessen Hilfe man den Wasserpegel des Sees erhöhen konnte. So ließ sich der Transport des »weißen Goldes« per Lastkahn auch bei Niedrigwasser sicherstellen.

Hallstatt: Der schönste Blick bietet sich vom Wasser aus.

◀ Wahrzeichen neugotische Christuskirche ▶ Die Häuser übereinander geschachtelt

»SCHÖNSTER SEEORT DER WELT«

Die fast bis ans Wasser reichenden Berge boten nur Platz für eine einzige Siedlung: das heute weltberühmte Hallstatt. »Hal« ist keltisch und heißt Salz. Der pittoresk am Südwestufer gelegene 770-Seelen-Ort mit seinen beiden Kirchen und die am Hang des Plassen übereinander errichteten Gebäude zählt zu den bekanntesten Fotomotiven Österreichs. Der Forscher und Weltreisende Alexander von Humboldt empfand Hallstatt als »den schönsten Seeort der Welt«.

Schon vor ungefähr 7000 Jahren – also in der Jungsteinzeit – begannen die Menschen in einem Hochtal über dem Hallstätter See mittels aus Hirschhorn gefertigten Werkzeugen nach Salz zu graben. In der Bronze- und Eisenzeit wurden die Abbautechniken immer weiter verbessert, was zu höheren Erträgen führte. Der daraus erwachsene Wohlstand förderte die Bildung einer hochentwickelten Gesellschaft, der sogenannten Hallstattkultur. Die wertvollen Grabbeigaben, die Archäologen in einem Gräberfeld über Hallstatt mit mittlerweile über 1500 freigelegten Gräbern aus der Bronzezeit bis heute bergen, zeichnen ein Bild eines frühgeschichtlichen Wirtschaftsimperiums. Die Hallstattkultur beherrschte etwa zwischen 800 und 450 vor Christus ein Gebiet, das sich von den Vogesen bis zum Westbalkan erstreckte.

Die Kalvarienbergkirche in Gosau wurde 1775 erbaut.

Blumenüberladene geschnitzte Holzbalkone schmücken im Sommer Hallstatts Gassen und Höfe. Die neugotische Christuskirche aus dem Jahr 1863 mit ihrem Spitzturm ist ein Wahrzeichen des Ortes. Das evangelische Gotteshaus symbolisiert die Beharrlichkeit der Protestanten, die ihre Messen lange Zeit im Verborgenen feiern mussten. Nur ein paar Schritte weiter nördlich erhebt sich auf einem Hügel die spätgotische katholische Pfarrkirche. Sie entstand 1515 auf den Resten eines romanischen Vorgängerbaus aus dem 12. Jahrhundert – unter Einbeziehung des noch vorhandenen Turms; dieser erhielt 1750 eine barocke Zwiebelhaube. Das Gotteshaus birgt einen prachtvollen, üppig vergoldeten Marienaltar mit je zwei beweglichen Außen- und Innenflügeln. Schöpfer war um 1515 ein Bildschnitzer namens Leonhard Astl. Größtes Problem der Kirche ist von alters her der winzige Friedhof an der Nordmauer. Um den Platzmangel zu lindern, wurden früher die Gebeine vieler Verstorbener in die Michaelskapelle umgebettet. Zahlreiche der rund 1800 Totenschädel und Knochen, die dort im Untergeschoss aufgereiht sind, wurden mit Pflanzendekors bemalt und mit Namen und Lebensdaten beschriftet. Das Welterbe-Museum in der Seestraße dokumentiert die 7000-jährige Geschichte der Salzgewinnung und zeigt eine große Sammlung mit Funden aus der Hallstattzeit – Gründe, die 1996 zur Aufnahme der Region in die Welterbeliste der UNESCO führten.

11

POSTKARTENMOTIVE UND DUNKLE SEITEN

Schon die Maler der Biedermeierzeit bannten den Ort am liebsten vom Boot aus auf die Leinwand. Der Blick ans Ufer trifft auf ein verträumt wirkendes Dorf im Schutz bewaldeter Berghänge. Das bis zu 125 Meter tiefe, dunkle Gewässer gleicht einem nordischen Fjord. Der See ist 7,5 Kilometer lang, aber nur maximal 1,4 Kilometer breit. Ein Besuch des Schaubergwerks 400 Meter oberhalb zählt zum touristischen Pflichtprogramm. Wer nicht die Salzbergbahn nutzt und stattdessen hinaufkraxeln möchte, lernt schnell die Schattenseiten des Bergbaus kennen. Eine Tafel am Welterbe-Rundweg erinnert an die Kerntragweiber, die noch bis ins 19. Jahrhundert – aus wirtschaftlicher Not heraus – tagtäglich das gebrochene Steinsalz (Kern) in Körben auf dem Rücken hinunter ins Dorf schleppen mussten. Eine aufgestellte Bank, Kernbank genannt, erlaubte ihnen, wenigstens einmal zu verschnaufen.

Von der Bergstation der Salzbergbahn führt eine Brücke zum Rudolfsturm, wo bis in die 1950er-Jahre der Bergmeister residierte. Heute bekommt man dort herzhafte Speisen aufgetischt. Unmittelbar vorm Haus ragt die Plattform »Welterbeblick« zwölf Meter über den Abgrund hinaus und bietet traumhafte Fernsichten über den See und auf die Bergspitzen, die ihn umrahmen. Vom Turm verläuft ein kurzer Weg weiter an einem begehbaren Schaugrab vorbei hinüber zum Bergwerk. Dort fahren die Besucher auf Bergmannsrutschen in die Unterwelt ein. Von den insgesamt 65 Kilometer

Gosautal: Häuser und Kirchen liegen weit verstreut.

Stollen, die bislang in den Berg getrieben wurden, sind 22,5 Kilometer begehbar. Ein Höhepunkt ist das tief drinnen gelegene »Bronzezeit-Kino«, in dem dank Computeranimation ein Junge namens Udlo über eine Holztreppe marschiert und zeigt, wie sein Arbeitstag seinerzeit aussah.

DER WANDER- UND Radweg von Obersee über die Bahnstation Hallstatt bis Obertraun am Ostufer des Sees (Gehzeit ca. 2 Std.) gehört zu den eindrucksvollsten Wanderstrecken in der Region. Er verläuft zwischen Bahnlinie und Seeufer. Die beste Zeit dafür ist nachmittags, wenn die Sonne aufs Ostufer scheint. Wer mag, kann zwischendurch ins kühle Nass hüpfen.

Das rund 20 Kilometer lange **Gosautal** erstreckt sich vom Hallstätter See bis an die Westflanke des Dachsteins, wo der spektakuläre Ausblick auf den Gosausee und die Felsspitzen des Gosaukamms einen überwältigenden Abschluss bilden. Zunächst führt die Straße in vielen Kurven etwa sieben Kilometer bergauf durch eine dicht bewaldete Schlucht, bis sie sich zu einem breiten, über der Nebelgrenze liegenden Hochtal öffnet. Es folgt **Gosau**, eine im 12. Jahrhundert von Salzburger Mönchen gegründete Siedlung mit weit verstreuten Häusern sowie drei Kirchen. Die Bewohner lebten jahrhundertelang von der Waldwirtschaft und lieferten das Holz nach Hallstatt für die Salzgewinnung. Viele der ersten Landwirte betrieben Almen, die bis heute größtenteils erhalten sind. Die große Mehrheit der gut 1800 Einwohner ist evangelisch, was in Österreich eine Besonderheit darstellt; dies erklärt sich durch die Abgeschiedenheit des Tals.
Gosau gehört zur Ferienregion Dachstein Salzkammergut. Vorreiter des Tourismus war wieder einmal der kaiserliche Hof, der durch seine regelmäßige Anwesenheit ab 1850 immer mehr Tagesausflügler aus Bad Ischl anlockte. Zu Mittag speiste man im Gasthof Gosauschmied, einem seit 1697 bestehenden Betrieb, einen köstlichen Schwarzreiter – eine kleine Art des Seesaiblings, die nur in Bergseen vorkommt. Im Gosausee ist der Fisch inzwischen ausgestorben. Spezielle Fischwochen zählen aber bis heute zum Angebot des Traditionshauses, das für Gäste mit Wohnmobil einen kleinen Stellplatz bereithält. Das Gosauer Wanderwegenetz ist etwa 300 Kilometer lang, des Weiteren stehen zahlreiche Kletterrouten in allen

Großer Donnerkogel und Kleiner Donnerkogel (rechts)

Schwierigkeitsgraden, zwei Klettergärten und ein halbes Dutzend Klettersteige zwischen Gosauschmied und Dachsteingipfel zur Verfügung. Rund zehn bewirtschaftete Almen laden im Sommer zur Einkehr ein.

BEZAUBERNDE BERGSEEN

Als das »Auge Gottes« bezeichnete der bereits zitierte Alexander von Humboldt den **Vorderen Gosausee**, der bis heute nur wenig von seiner damaligen Schönheit eingebüßt hat. Doch früher war es sicher viel stiller hier. Vom oberen Parkplatz sind es etwa 200 Meter bis zum Nordufer, wo eine Gaststätte und ein Tret-, Ruderboot- und SUP-Verleih augenscheinlich gute Geschäfte machen. Der kinderwagentaugliche Spaziergang rund

Badesachen nicht vergessen!

um den Vorderen See dauert ungefähr eine Stunde. Wer länger wandern mag, geht vom Seeende die Forststraße (Weg Nr. 614) weiter taleinwärts, vorbei an der Niederen Holzmeisteralm und der je nach Jahreszeit mal großen oder kleinen Gosaulacke sowie über einen Steilanstieg zum **Hinteren Gosausee**, der beeindruckend in einem Kessel liegt (Gehzeit ab Parkplatz 2 Std.).

11

Tipp

Am Hinteren Gosausee befindet sich der Familien-Erlebnispark Urzeitwald, der die geologische Vergangenheit der Region thematisiert. Modelle von Urzeittieren wie Rieseninsekten, Flugsaurier oder Mammut dienen als große Spielgeräte, auf denen die Kinder reiten, rutschen oder paddeln können. Bade- und Reservekleidung sind empfehlenswert (urzeitwald.at).

Der aussichtsreiche Geschichtswanderweg zeigt indes auf 25 Tafeln die Entwicklung des Tals auf. Er beginnt beim Tourismusbüro; die Gehzeit beträgt etwa zweieinhalb Stunden. Im Freilichtmuseum Schmiedbauer gewährt einer der ältesten Bauernhöfe im Gosautal einen spannenden Rückblick in die Vergangenheit. Das Gehöft mit mehreren Nebengebäuden ist ein typischer Gosauer Paarhof, in dem Mensch und Tier achtsam miteinander unter einem Dach lebten. Mit der Gosaukammbahn gelangen Wanderer und Mountainbiker ins Wandergebiet Zwieselalm. Von der Bergstation geht man in nur 15 Minuten auf breitem Spazierweg zur Gablonzer Hütte. Von hier eröffnet sich ein fantastischer Blick zum Dachstein und ins Gosautal.

NATÜRLICHES SCHLEIFSTEINVORKOMMEN

Auf der Gosauer Seite des Hallstätter Plassen florierte seit dem 16. Jahrhundert bis in das frühe 20. Jahrhundert der Abbau von feinkörnigem Sandstein. Aus diesem wurden bis 1969 Schleifsteine hergestellt. 1989 wagten einige Steinhauer einen Neuanfang. Heute stellen sie jährlich wieder rund 800 Schleifsteine her. Die Gosauer Wetzsteine dienen in erster Linie zum Schärfen von Äxten und Sensen. Die Schleifsteinbrüche liegen auf einem Plateau oberhalb von Gosau. Hinauf führt unter anderem in zwei Stunden der steile, abwechslungsreiche Wanderweg Nr. 644. Bei den alten Steinhauerhütten beginnt ein schöner Rundweg, der streckenweise auf Holzstegen in 30 Minuten durch ein Hochmoor zum tiefdunklen Löckersee auf 1400 Metern Höhe führt. In ihm spiegelt sich malerisch der Gosaukamm wider. Folgt man dem Weg 644 weiter, gelangt man nach einer Stunde zur Plankensteinalm. Sie ist ein beliebtes Ziel bei Mountainbikern. Wie einst stellt man dort auf der Leutgebhütte Butter und Käse her. Wer möchte, bekommt hausgemachte »Bratwürstel«, Speck oder Schweinsbraten serviert. Guten Appetit!

AUF EINEN BLICK

Info

STADT/REGION: Hallstätter See und Gosautal/Inneres Salzkammergut
BESTE REISEZEIT: Juni bis September
OPTIMALE REISEDAUER: 3 Tage
TOURISTINFO: Tourismusbüro Hallstatt, Seestraße 99, 4830 Hallstatt, Tel. +43/5/950 95 30, dachstein.salzkammergut.at

SEHENSWÜRDIGKEITEN

HEIMAT- UND LANDLERMUSEUM: Kurparkstraße 10, 4822 Bad Goisern, Tel. +43/6135/65 30, dachstein.salzkammergut.at
HANDWERKHAUS: Rudolf-von-Alt-Weg 6, 4822 Bad Goisern, Tel. +43/6135/508 00, handwerkhaus.at
WELTERBE-MUSEUM: Seestraße 56, 4830 Hallstatt, Tel. +43/6134/82 80 15, museum-hallstatt.at
SALZWELTEN HALLSTATT: Salzbergstraße 21, 4830 Hallstatt, Tel. +43/6132/200 24 00, salzwelten.at/de/hallstatt

CAMPING KLAUSNER-HÖLL

ADRESSE: Lahnstraße 200-201, 4830 Hallstatt, Tel. +43/6134/832 20, camping.hallstatt.net
ANFAHRT: Auf der A 10 (Tauernautobahn) bis Ausfahrt Golling, weiter auf der B 162 und der B 166 bis zum See, dann rechts nach Hallstatt abbiegen. Der Platz liegt 800 m südlich des Zentrums.
GPS: 47.55308, 13.64783
In Gehweite zum Ort gelegener Familienbetrieb mit Standardausstattung auf naturbelassenem Wiesengelände mit einigen Bäumen unterhalb eines Hanges. Die Entfernung zum Badestrand mit Badeinsel und Kinderspielplatz beträgt 100 m. Salzbergbahn, Schiffsanlegestelle, Supermarkt, Tennisplätze, Bushaltestelle und Tauchschule liegen etwa 250 m entfernt. Das »Pfannhauserstüberl« mit Bar steht täglich zur Verfügung. Für die Monate Juli und August empfiehlt sich eine Reservierung. Es stehen 73 maximal 70 m² große Parzellen zu Verfügung. Check-in ist bis 20 Uhr möglich.

◀ Viele Wege starten am Vorderen Gosausee. ▲ Alte Bootshäuser in Hallstatt ▼ Rundfahrt über den Hallstätter See

CAMPING AM SEE

ADRESSE: Winkl am Hallstättersee 77, 4831 Winkl, Tel. +43/6131/265, camping-park-am-see.at

ANFAHRT: Auf der A 10 (Tauernautobahn) bis Ausfahrt Golling, weiter auf der B 162 und der B 166 bis zum See, dann rechts nach Hallstatt abbiegen, von dort noch ca. 3 km bis zum Platz am Südende des Sees

GPS: 47.54955, 13.67685

Parkähnliche Anlage mit 70 Stellplätzen, freien Rasenflächen und teils alten Bäumen - betrieben von einer Kunstrestauratorin und einem Kunsthistoriker. Arkaden und Steintreppen verleihen dem Platz ein mediterranes Ambiente. Den Abend kann man entspannt in einer Bar ausklingen lassen. Das 200 m lange Seeufer säumen kleine Kiesbadestellen. Nebenan befindet sich ein öffentliches Strandbad mit FKK-Zone. Eine nicht alltägliche Besonderheit sind die Mietunterkünfte: sechs restaurierte historische Zirkuswagen mit aufwendigen Schnitzereien und Himmelbetten, darunter ein Art déco-Sammlerstück aus den 1930er Jahren; der Wagen gehörte einst der Familie des Jazz-Musikers Django Reinhardt. Die klassischen Parzellen am See bieten einen schönen Blick auf Hallstatt.

ALTENMARKT UND FILZMOOS

Zu Füssen von Bischofs-mütze und Rossbrand

Berge, wohin man auch blickt in Filzmoos

12

Im Nordwesten von Altenmarkt wacht das markante Tennengebirge, im Norden und Nordosten von Filzmoos zieht sich die gewaltige Dachsteingruppe und im Süden erhebt sich der Rossbrand, einer der schönsten Aussichtsberge im Salzburger Land. Almwanderungen zu Kraftplätzen und urigen Einkehrhütten krönen einen Aufenthalt in der bisweilen als ruhiger Winkel bezeichneten Bergregion.

Der **Fritzbach** ist auf den ersten Blick ein eher unbedeutender Flusslauf. Seine Quelle entspringt bei der Hofpürglhütte südlich der Bischofsmütze in der Nähe von Filzmoos. Er fließt zunächst in südwestlicher Richtung, schwenkt dann ein wenig nach Nordwesten und mündet nach 35 Kilometern bei Bischofshofen in die Salzach. Das Fritzbachtal bildet aus geologischer Sicht eine Grenze: Es trennt das helle Gestein in den Nördlichen Kalkalpen vom meist dunklen weiter südlich, das in der sogenannten Grauwackenzone vorherrscht. Verlässt man die Tauernautobahn am Knoten Pongau, gelangt man nach sieben Kilometern talaufwärts nach Hüttau, wo vom 16. bis 19. Jahrhundert im großen Stil Kupfererzabbau betrieben wurde. Das Schaubergwerk Kupferzeche und das Mineralienmuseum im früheren Verwaltungsgebäude erinnern daran. Der »Geotrail Erzweg Kupfer« verbindet Hüttau mit den benachbarten Geoparkgemeinden Sankt Veit, Bischofshofen und Mühlbach am Hochkönig. Eine wunderbare Aussicht auf Salzachtal, Tennen- und Hagengebirge eröffnet sich vom 1827 Meter hohen **Hochgründeck**. Der Weg hinauf ist als interaktiver Meditations- und Friedenspfad angelegt. Startpunkt ist der Wanderparkplatz Klammalm südlich von Hüttau (Gehzeit einfach ca. 2 Std.)

FIGUREN, FRAUEN UND FESTE

Die 4500-Einwohner-Gemeinde **Altenmarkt** ist in erster Linie als Wintersportziel bekannt. Das Skigebiet Altenmarkt-Zauchensee-Kleinarl verfügt über 25 Liftanlagen. Als wichtigste Sehenswürdigkeit gilt die »Altenmarkter Madonna« in der Pfarrkirche am Marktplatz, geschaffen im Jahr 1393 im »Weichen Stil« von einem unbekannten böhmischen Künstler aus dem Kalksandstein seiner Heimat. Charakteristisch für diese Darstellungsform, die man auch »schöne Madonnen« nennt, sind zierliche Figuren mit verträumter Mimik und wallenden Gewändern mit

12

breiten, weich geschwungenen Falten. Das Altenmarkter Hoamathaus ist ein Heimatmuseum, das sich in hohem Maß der geschichtlichen Rolle der Frau in der Region widmet. So kümmerten sich zum Beispiel über die Jahrhunderte hinweg einzig die Frauen um Kranke und Arme. Auch war allein die Bäuerin dafür verantwortlich, dass alle auf dem Hof – manchmal bis zu 25 Personen – genügend und regelmäßig zu essen bekamen. Die Altenmarkter Masken im Museum, 280 an der Zahl, werden alle vier Jahre um den Dreikönigstag als Teil des Pongauer Perchtenläufe zum Leben erweckt. Die »Schiachen« und die »Schönen« ziehen dabei lärmend mit Glocken- und Schellengeläut durch die Straßen. Frauen dürfen nach alter Väter Sitte nicht aktiv am Lauf teilnehmen. Ein weiteres Schmuckstück des Museums ist die einzigartige, 250 Jahre alte Grundner Krippe mit 120 größtenteils beweglichen Figuren – sie erzählen das Leben der Bauern und Handwerker von damals.

Sulzenhütte mit fantastischem Ausblick auf die Bischofsmütze

Bergbach Warme Mandling

DER ALTENMARKTER BAUERNREGELWEG informiert an mehr als 30 Stationen über das Wissen unserer Vorfahren über Wind und Wetter sowie die alten Wetterregeln und ihre Ursprünge. Der Themenweg ist 4,9 km lang und führt von der Reitlehenalm über einen Bergrücken mit wunderbaren Aussichten auf Altenmarkt zur Jausenstation Habersatt. Es empfiehlt sich festes Schuhwerk. Die Gehzeit beträgt rund zweieinhalb Stunden (bauernregelweg.at).

Das auf 1075 Metern Höhe gelegene Filzmoos verdankt seinen Namen seiner früheren sumpfigen Umgebung. »Filz« und »Moos« sind die regionalen Bezeichnungen für Moor- und Sumpfland. Die Taurisker waren womöglich die Ersten, die sich in diesem wasserreichen Terrain niederließen. Römer, Slawen und Bajuwaren folgten. Das Dorf wurde 1333 zum ersten Mal urkundlich erwähnt und ist mit rund 1500 Einwohnern bis heute ein überschaubarer Ort geblieben. Bekannt ist Filzmoos dennoch: zum einen als renommierter Wintersportort, zum anderen wegen seiner hinreißend schönen landschaftlichen Lage zwischen Bischofsmütze und Rossbrand. Das Gebiet lädt im Sommer zu herrlichen Almwanderungen und Bergtouren ein. Es erstreckt sich am Fuß des Dachsteingebirges und hat Anteile am UNESCO-Welterbe Hallstatt-Dachstein/Salzkammergut.

Glückliche Kuh auf der Wallehenalm

WUNDERTÄTIGES SCHNITZBILDNIS

Eine von Menschen gemachte Attraktion ist die spätgotische Pfarrkirche Sankt Peter und Paul aus dem 15./16. Jahrhundert mit dem verehrten »Filzmooser Kindl«, einer 45 Zentimeter großen Jesuskind-Statue. Diese trägt in ihrer rechten Hand ein Glöckchen und segnet damit die Weltkugel in der linken. Die Darstellung beruht auf einer Legende: Zwei Hirten hörten auf ihrer Wanderschaft bei Filzmoos ein Glöckchen läuten, dessen Klang sie sofort nachgingen. Sie fanden eine Jesusfigur aus Holz, die auf einem Baumstumpf stand. Das Bildnis erhob segnend den Schwurfinger und läutete mit dem Glöckchen. Die Hirten brachten die Figur zunächst in die Pfarrkirche in Altenmarkt, von wo sie angeblich noch in der Nacht selbst wieder zu ihrem Fundort zurückkehrte. Als man die Statue danach in der Filzmooser Kirche aufstellte, fühlte sie sich dort offenbar wohl und blieb. Nach Gebetserhörungen im 17. Jahrhundert wurde die Kirche schnell zu einer Wallfahrtsstätte. Die Orgel von 1858 ist ein Werk von Ludwig Mauracher, einem Spross der berühmten Tiroler Orgelbauerfamilie. Am Fundort des Filzmooser Kindls entstand 1820 eine Ursprungskapelle. Einen Blick wert ist der geraniengeschmückte Oberhof (Hofangerstraße 34), ein in dieser Form seit 400 Jahren bestehendes Bauernhaus, dessen Ursprung ins Mittelalter zurückreicht. Er wurde 1285 erstmals urkundlich erwähnt. Früher wurde auch in dieser Region Bergbau betrieben. An mehreren Stellen, wie etwa am Rötelstein oder am Mandlingzug, förderte man Silber, Kupfer und Eisen.

Nicht versäumen sollte man den Besuch der zum Oberhof gehörenden, 50 Jahre jüngeren Oberhofalm sowie der Unterhofalm gleich daneben. Sie liegen auf gut 1300 Metern Seehöhe und sind gut mit dem Wohnmobil auf einer Mautstraße zu erreichen, die etwa sechs Kilometer an der Warmen Mandling entlangführt. Die Wirte bitten aber darum, die jeweils unteren Parkplätze anzufahren. Gutes Essen in urgemütlichem Ambiente und die großartige Lage am Fuß der **Bischofsmütze** machen sie zu beliebten Ausflugszielen. Von ihnen aus bietet es sich an, in etwa 90 Minuten zur Hofpürglhütte hinaufzuwandern, einer großen staatlichen Schutzhütte; sie klebt regelrecht am Berg. Empfehlenswert ist in jedem Fall die Umrundung des tiefgrünen **Almsees** inmitten einer traumhaften Bergkulisse in der Nähe der Almen. Diese sind auch gut von Filzmoos aus auf dem prämierten Hofalm-Wanderlehrpfad zu erreichen. Ein sehr schönes Ziel zu Fuß oder mit dem E-Bike ist auch die bewirtschaftete Sulzenhütte auf der Wallehenalm mit besonders spektakulärem Ausblick auf die Bischofsmütze. Von der Oberhofalm beträgt der Fußweg zur Hütte hinauf etwa 45 Minuten. Der berühmte Berg mit seiner markanten Doppelspitze ist

Hungrig und durstig? Falls ja, dann setz dich nieder.

auch für erfahrene Wanderer nicht zu bezwingen. Eine anspruchsvolle und für Geübte machbare Tour ist die Wanderung zum Oberen Hochkesseleck. Der Weg ist streckenweise durch Drahtseile gesichert. Er führt vom Almsee über den Linzer Weg zur Reißgangscharte und nach weiteren 300 Höhenmetern zum Gipfelkreuz mit phänomenalem Rundblick – vor allem an klaren Herbsttagen.

KÖSTLICHE SALZBURGER SPEZIALITÄTEN von Pongauer Kasnocken über fangfrische heimische Forelle aus der Fischzucht von Johanna Maier bis zum zarten Hirschrückensteak kredenzt das Restaurant Hanneshof. Das Haus befindet sich direkt am Dorfplatz in Filzmoos.

AUFI AUF´N RÖTELSTEIN!

Der Rötelstein, sehr oft auch Rettenstein genannt, ist der Hausberg der Filzmooser. Sein Name rührt vom rötlich schimmernden Gestein, das für Wanderer Tücken birgt: Es ist zum einen porös und lockert sich leicht, zum anderen heizt es sich schnell in der Sonne auf – bei Regen indes besteht insbesondere beim Abstieg über den Sulzenhals Rutschgefahr. Beachtet man dies, wird eine Rundtour zu einem unvergesslichen Erlebnis. Häufig gewählter Ausgangspunkt ist der Parkplatz an der Rettensteinhütte. Von dort benötigt man über den Westgrat gut zwei Stunden bis zum Gipfel, wo der Blick von der gewaltigen Dachstein-Südwand über den Gosaustein und die Bischofsmütze zum Gosaukamm schweift. Im Süden erspäht man den Hochgolling und ganz im Westen den Hochkönig. Der Abstieg führt durch eine kleine Schlucht zum Sulzenhals, weiter zur Bachlalm und auf dem Weg 671 über Neuhaus und Haidegg zum Startpunkt zurück.
Ein ebenso beeindruckendes Panorama mit Aussicht auf über 100 Bergspitzen eröffnet sich den Wanderern auf dem Rossbrand im Südwesten von Filzmoos, zu erreichen unter anderem über den Dr.-März-Weg. Dieser anspruchsvolle Aufstieg führt oft durch den Wald und ist stellenweise recht steil: Es gilt, 700 Höhenmeter zu überwinden, wozu man etwa zweieinhalb Stunden benötigt. Am Kamm oben angekommen, ist es bis zur Radstädter Hütte noch gut ein Kilometer. Während der Sommermonate gelangt man auf den Rossbrand auch mit der Papageno-Gondelbahn, die zwischen

Die Warme Mandling heißt so, weil sie mit 10 Grad Celsius aus dem Berg tritt.

Filzmoos und Schörgi Alm verkehrt (Di, Do, Sa und So). Zwischen Alm und Hütte beträgt die Entfernung entlang des Kamms etwa zweieinhalb Kilometer. Filzmoos ist darüber hinaus für seine 17 geomantisch gemessenen Kraftplätze bekannt. Um sie möglichst intensiv erleben zu können, empfiehlt sich eine Führung durch einen ausgebildeten Kraftplatzbegleiter.

Tipp

Seit 1979 treffen sich jedes Jahr im Januar Heißluftballon-Teams aus aller Welt zur »Internationalen Heißluftballonwoche« vor traumhafter Bergkulisse in Filzmoos. Es ist ein ganz besonderes Erlebnis für Piloten, Passagiere und Zuschauer aus nah und fern. Einen stimmungsvollen Auftakt bildet traditionell die Nacht der Ballone, in der die Ballone zu Musik in buntem Licht erstrahlen.

AUF EINEN BLICK

Info

STADT/REGION: Altenmarkt und Filzmoos/St. Johann im Pongau
BESTE REISEZEIT: Juni bis September
OPTIMALE REISEDAUER: 3 Tage
TOURISTINFO: Tourismusverband Filzmoos, Filzmoos 50, 5532 Filzmoos, Tel. +43/6453/82 35, filzmoos.at

SEHENSWÜRDIGKEITEN

SCHAUBERGWERK KUPFERZECHE: Sonnhalb 21, 5511 Hüttau, Tel. +43/6458/71 03, kupferzeche.at
HEIMATMUSEUM ALTENMARKT: Brunnbauerngasse 1, 5541 Altenmarkt, Tel. +43/6452/47 53, heimatmuseum.at
FILZMOOSER KINDL: Pfarramt Filzmoos, Filzmoos 33, 5532 Filzmoos, Tel. +43/6453/82 26, filzmooser-kindl.at
SULZENALM-WALLEHENHÜTTE: Familie Rettenwender, Filzmoos 11, 5532 Filzmoos, Tel. +43/664/910 53 92, almcard.at

SEECAMPING EBEN

ADRESSE: Badeseestraße 54, 5531 Eben in Pongau, Tel. +43/664/450 20 00, seecamping-eben.at
ANFAHRT: Auf der A 10 (Tauernautobahn) bis Ausfahrt Eben (Nr. 60), links in den Ort abbiegen, nach ca. 600 m gegenüber dem Bahnhof rechts in Richtung Badesee/Seecamping, dann noch 800 m bis zum Ziel
GPS: 47.39947, 13.39542

Der mit 38 Touristenparzellen recht kleine, familiär geführte Platz bietet ein schönes Bergpanorama; er eignet sich sowohl für Bade- als auch für Skiurlaub. Der Eintritt in das Strandbad des angrenzenden Sees ist für die Campinggäste kostenlos. Es verfügt über eine große Liegewiese, einen Sprungsteg und eine Wasserrutsche. Beachvolleyballfeld, Spielplatz und Imbiss runden das Angebot ab. Eine Schallschutzmauer trennt das Gelände von der nahen Autobahn. Die sanitären Einrichtungen des Campingplatzes, die Sauna, der Ruheraum, und die Küche mit Mikrowelle sind gepflegt und stets sehr sauber gehalten. Im Winter

Unterhof Alm

steht ein Skischuhraum zur Verfügung. Der nahe gelegene Skilift sowie die umliegenden Lokale sind zu Fuß problemlos in wenigen Minuten zu erreichen. Langläufer können direkt in die 160 km lange, bestens präparierte Tauernloipe einsteigen. Sehr gästefreundlich ist auch der Umstand, dass keine festen An- und Abreisezeiten vorgeschrieben sind.

CAMPING PASSRUCKER

ADRESSE: Götschlau 33, 5541 Altenmarkt im Pongau, Tel. +43/664/452 64 70, camping.passrucker@sbg.at, camping-passrucker.at

ANFAHRT: Die A 10 (Tauernautobahn) bei Ausfahrt 63 verlassen, weiter über die B 163 bis zur Abzweigung Wagrainer-Bundesstraße/Wiener-Bundesstraße, dann der Zauchenseestraße folgen und schließlich rechts abiegen nach Götschlau

GPS: 47.37183, 13.41947

Das Stadtzentrum mit mehreren Restaurants, Cafés und Geschäften ist in zehn Minuten zu Fuß zu erreichen und die nächste Bushaltestelle liegt auch nur ein paar Schritte entfernt. Die Umgebung lädt zum Wandern und Radfahren ein. Auf dem überschaubaren Gelände mit 57 Touristenplätzen ist alles vorhanden, was man zum Campen braucht. Die Einrichtungen sind sehr gepflegt, darüber hinaus gibt es einen kleinen Pool. Reihen von Bäumen und Büschen spenden Schatten. Für die Kinder stehen Spielgeräte zur Verfügung. Der Campingplatz ist durch seine Nähe zur Autobahn gut als Zwischenstation geeignet, wenngleich die Anfahrt durch die teils engen Straßen im Ort eine erhöhte Aufmerksamkeit erfordert.

LUNGAU

Juwel im Schatten prächtiger Berge und Burgen

Stolze Burg Mauterndorf am Ortsende

13

Nirgendwo in Österreich gibt es ein Gebiet, das mit dem Lungau vergleichbar ist: Trotz guter Verkehrsanbindungen geht das Leben der meisten Bewohner in diesem entlegenen Bezirk im Südosten des Bundeslandes Salzburg einen geruhsamen Gang. Es ist ein stiller Landstrich voller Poesie. Die Menschen haben ihre Wurzeln nie vergessen; dadurch konnten sie ihr gelebtes Brauchtum bis heute bewahren.

Wer von Norden kommend die Radstädter Tauern überquert, gelangt in ein großes, von Gebirgsketten umschlossenes Becken. Wenngleich mit der Tauernautobahn eine weitere wichtige und stark befahrene Transitroute die Region durchzieht, ist das Verkehrsaufkommen im Lungau gering. Und doch waren es diese beiden Verkehrswege, die in den 1960er-Jahren die touristische Entwicklung der Region auf den Weg brachten. Bis vor etwa 1000 Jahren lebten im Lungau fast ausschließlich slawische Siedler. Damals gelang es den Bajuwaren erstmals bis dorthin vorzudringen. Im Salzburger Raum gelang ihnen die Landnahme bereits 300 Jahre früher. Die abgeschirmte Lage hat dazu geführt, dass sich uralte Bauweisen und Traditionen besser als in vielen anderen Alpenregionen erhalten konnten.

SPEKTAKULÄRE SAMSONUMZÜGE

Ein Großteil der Mythen und Legenden im Lungau rankt sich um Samson, eine biblische Gestalt, die über übermenschliche, in den langen Haaren liegende Kräfte verfügt haben soll. Auf Österreich bezogen, stellt Samson ein Symbol des einstigen Kampfes der Protestanten gegen die Salzburger Fürsterzbischöfe dar. An diese Zeit erinnern alljährlich zwischen Juni und September die Samsonumzüge in zehn Lungauer Orten. Das älteste Schriftstück darüber wurde im Jahr 1720 in Tamsweg verfasst; es erwähnt einen Mann, der 32 Jahre lang die Funktion eines Samsonträgers innehatte. Diese Männer müssen außerordentlich kräftig sein, denn ihre Aufgabe bei den Umzügen besteht darin, die Samsonfiguren huckepack zu nehmen, und so, begleitet von einer Musikkapelle, walzertanzend durch die Straßen zu ziehen. Die Stofffiguren sind auf Holzgestellen montiert, zwischen 4,3 Meter und 6,8 Meter hoch und um die 100 Kilogramm schwer. Sie unterscheiden sich unter anderem durch ihre Kostüme: Die einen sind bekleidet mit einer Art römischer Tunika mit einer breiten Schärpe und einem Kriegerhelm - und führen einen Kieferknochen eines Esels als Symbol der Stärke bei sich. Samson erschlug angeblich mit solch einem Kinnbacken Tausende Philister. Die anderen treten im Stil der Uniformen der Soldaten Napoleons auf. Darüber hinaus sind die Figuren mit Lanze beziehungsweise Krummsäbel bewaffnet. Das »Samsontragen« im Lungau und in der angrenzenden Steiermark ist einzigartig in Österreich und wurde 2010 in das UNESCO-Verzeichnis des Immateriellen Kulturerbes eingetragen.

Die Abgeschiedenheit hatte einst einen großen Nachteil: Der dünn besiedelte Bezirk galt um 1880 als die ärmste Region im Land Salzburg. Da die meisten Täler auf über 1000 Meter Seehöhe liegen, fielen die Ernten oft mager aus. Daher suchten sich die Lungauer ein Zubrot, etwa als Säumer, Führer von Lasttieren, für die Transporte über den Tauernpass. Mit dem Bau der Murtalbahn 1894 setzte allmähliche eine wirtschaftliche Besserung ein. Die Fertigstellung der Tauernautobahn brachte einen weiteren Schub.

Sankt Margarethen im Lungau

Nichts bringt uns aus der Ruhe.

Im Juli 2012 folgte die Auszeichnung zum UNESCO Biosphärenpark Salzburger Lungau, der jüngste und größte seiner Art in Österreich. Er stellt die Naturlandschaft unter besonderen Schutz. Die Mur durchfließt den südlichen Lungau von West nach Ost. Sie entspringt in den Radstädter Tauern auf 2050 Metern Seehöhe und mündet nach 453 Kilometern an der kroatisch-ungarischen Grenze in die Drau. Die 3500-Einwohner-Gemeinde **Sankt Michael** gilt als eines der Zentren am Fluss. Am Ufer dort verläuft der »Wanderweg der Sinne«. Im Ort kreuzen sich mehrere Fernverbindungen, wie etwa die Katschbergstraße und die Bundesstraße 99. Die Gondeln der Sonnenbahn Sankt Michael bringen die Gäste hinauf zum Restaurant Peterbaueralm am Südhang des Speierecks, wo sich ein fantastischer Ausblick über den Lungau eröffnet.

Tipp

Ein tolles Erlebnis sind die Sonnenaufgangsfahrten mit der Sonnenbahn in St. Michael, angeboten von Mitte Juli bis Anfang September, jeden Freitag um 5 Uhr oder 5.30 Uhr (wetterbedingter Ersatztermin: Sonntag), dazu zwei Zusatztermine an ausgewählten Sonntagen. Die Fahrten sind nur im Paket buchbar (Bergbahn, 15-Minuten-Wanderung mit Bergführer zum Peterbauerkreuz, anschließendes Frühstück in der Peterbaueralm). Anmeldungen bis spätestens am Mittag des Vortags in der Infostelle St. Michael.

Wegkreuz in Obertauern

Im Ortsteil **Sankt Martin** befindet sich in der Dorfmitte das Heihsgut, mit etwa 700 Jahren eines der ältesten, noch bewohnten Häuser im gesamten Alpenraum. Das denkmalgeschützte Gebäude bildet zusammen mit einer Kapelle ein weltliches Gegenstück zur nahe gelegenen romanischen Filialkirche Sankt Martin mit sehenswerten Fresken an der Nordwand des Langhauses. Im 19. Jahrhundert fand man dort auf dem Friedhof ein römisches Mithras-Heiligtum. Östlich von Sankt Michael biegt die B 99 nach Norden in Richtung Tauernpass ab.

MALERISCHES MAUTERNDORF

Der nächstgrößere Ort ist **Mauterndorf** mit dem wohl schönsten historischen Zentrum im Lungau am Fuß der berühmten stolzen Burg Mauterndorf. Ungewöhnlich für die Region sind die prachtvollen mehrstöckigen Bürgerhäuser mit Treppengiebel in der Marktstraße, wie sie im Inn-Salzach-Raum verbreitet sind. Bauherren waren bayerisch-fränkische Unternehmer, die in der Hochzeit des Gold- und Silbererzbergbaus im 16. Jahrhundert hierher übersiedelten und den Baustil ihrer Heimat mitbrachten. Sehenswert ist zum Beispiel das Haus Markt 1, das ehemalige Rentamt, verziert mit feinen Sgraffiti, die antike Motive wie Säulen zeigen. Es ist Sitz der Metzgerei Lankmayr, deren Speckspezialitäten weithin einen guten Ruf genießen. Das Haus Markt 42 an der Brücke glänzt mit einem schönen gotischen Kielbogenportal. Als Nächstes springt die Brückenkeusche aus dem 15. Jahr-

hundert ins Auge. Wind und Wetter haben ihre Holzfassade im Laufe der Zeit nur noch schöner gemacht. Als Keusche bezeichnet man in Österreich ein kleines Bauernhaus. Im alten Mesnerhaus im Zentrum verwöhnt ein Sternelokal seine Gäste mit exquisiten heimischen Schmankerln (Markt 56). Daneben erhebt sich die mächtige Pfarrkirche Sankt Bartholomäus mit romanischen, frühgotischen und barocken Stilelementen.
Wohlhabend wurden die Mauterndorfer Bürger im späten Mittelalter nicht nur durch den Bergbau, sondern auch durch den Handel. Damals verlief ein Stück oberhalb des späteren Zentrums die Südgrenze des Fürsterzbistums. Der zugehörige Maut- und Grenzposten, von dem sich der Ortsname ableitet, wurde um 1250 zu einer Wehrburg ausgebaut; sie sollte den Verkehr über den Tauernpass überwachen und sichern. Noch erhalten aus jener Zeit ist der 44 Meter hohe Turm. Ab etwa 1400 bis 1803 war die Burg zuerst Sommerfrische der Fürsterzbischöfe und später auch deren Verwaltungszentrum. Danach verfiel sie. 1894 kaufte der Berliner Arzt Hermann Epenstein (1850–1934) die Ruine und ließ die Anlage mit viel Geld im Mittelalterstil rekonstruieren. In den 1990er-Jahren wurde damit begonnen, die Burg in eine familienfreundliche Erlebnisburg umzugestalten. Auch ist im Südturm das Lungauer Landschaftsmuseum eingerichtet. Es erzählt zum Beispiel von den heimischen Sauschneidern, anerkannten Experten für die Kastration von Nutzvieh, die früher durch

◀ Beschaulich: »Hauptstraße« in Mauterndorf ▶ Mauterndorfer Brückenkeusche

13

ganz Europa wanderten. Im Sommer zieht wieder Leben in die Mauern ein: Erwachsene und Kinder schlüpfen in Lederwams und Rüstung. Im Angebot unter anderem: Ferienprogramme, Erlebniswochenenden und Nachtführungen. Hervorzuheben sind ferner die Burgkapelle mit gotischen Fresken und das Keutschachzimmer mit kunstvollen Rankenmalereien.

Tipp

Ritter, Burgdamen, Knappen und Handwerker feiern mit den Besuchern Anfang Juli das »Mittelalterfest Mauterndorf«, wo die alten Zeiten wieder aufleben. Farbenprächtige Umzüge, Ritterlager, Wikingerlager, Schaukämpfe, Tanzvorführungen, Badehaus und Handwerkermarkt machen das Spektakel komplett. Auf die Kinder warten Bogenturniere, Fechtvorführungen und Akrobatik-Darbietungen der Gaukler – und ein furchtbarer Drache (mittelalterfest.org).

Durch Mauterndorf fließt die Taurach

Um Schloss Moosham kursieren Schauergeschichten.

AUF SCHMALEN GLEISEN

Schauriges erzählt man von Schloss Moosham, sechs Kilometer südlich von Mauterndorf gelegen. In dem gewaltigen Bauwerk auf einer Terrasse am Mitterberg residierten vom 14. bis 18. Jahrhundert die Salzburger Landpfleger. Ihr Aufgabenfeld umfasste unter anderem die Blutgerichtsbarkeit. Das Leben der Beschuldigten in den von ihnen durchgeführten Hexenprozessen endete gewöhnlich am Galgen in Tamsweg. Im Jahr 1886 veranlasste der österreichische Polarforscher und Kunstmäzen Graf Hanns Wilczek den Wiederaufbau der verfallenen Anlage im Historienstil. Die Mauern dienten im Übrigen als Kulisse in zahlreichen Horrorfilmen, wie zum Beispiel »Hexen bis aufs Blut gequält« (1970). Nostalgie pur verspricht eine Fahrt mit der Taurachbahn, Österreichs höchstgelegener Schmalspurbahn, die pustend und fauchend an den Sommerwochenenden zwischen Mauterndorf und Tamsweg verkehrt. Direkt neben Camping Mauterndorf befindet sich die Talstation der Großeckbahn. Diese führt an den Fuß des Großeckgipfels, von dem man bei klarer Sicht einen prächtigen Blick auf den östlichen Lungau genießt. Wer von dort zum Speiereck möchte, wählt am besten den Abstieg zur Trogalm, wo die Sonnenbahn Speiereck startet. Um Großeck und Speiereck erstreckt sich ein schneesicheres Skigebiet. Hauptsehenswürdigkeit von Mariapfarr, unweit östlich von Mauterndorf gelegen, ist die Wallfahrtskirche Unserer Lieben Frau Himmelfahrt. Der ursprünglich romanische Bau aus dem 13. Jahrhundert wurde 200 Jahre

Hütten bei Bundschuh im Süden des Lungaus.

später gotisiert. Nach einem Brand 1854 musste der Vierungsturm neu aufgebaut werden. Die Georgskapelle und die Pfeiler des Chorturms warten mit eindrucksvollen Fresken auf. Eine Tafel am Hochaltar zeigt einen blonden Jesusknaben mit lockigem Haar – die mutmaßliche Vorlage für die Textzeile von Joseph Mohr »holder Knabe in lockigem Haar«. Mohr war von 1815 bis 1817 als Hilfspfarrer in Mariapfarr tätig. Selbstverständlich gibt es im Ort auch ein Stille-Nacht-Museum und vor der Kirche einen Stille-Nacht-Brunnen. Symbolträchtig ergießt sich Wasser aus dem Stein unter Mohrs Büste über die ganze Weltkugel. In der Pfarrstraße 14 existiert seit 200 Jahren das Kaufhaus Rainer mit Trachtenschneiderei, eines der letzten seiner Art in Österreich. Der Pfarrhof enthält Mauerreste des Pallas einer Burg, die im 13. Jahrhundert aufgegeben wurde. Der romanische Vorgängerbau der barocken Laurentiuskapelle im Ortsteil Althofen gilt als ältestes Gotteshaus in der Region. Ein weiterer Schatz ist die Hauskapelle auf dem Suppangut (Haus Nr. 10) in Pichl, erbaut 1872, rund eineinhalb Kilometer südlich von Mariapfarr. Sie enthält Seitenaltäre aus der Kirche in Mariapfarr, die nach deren Umbau einen neuen Platz brauchten. Das Portal der Kapelle ist ungewöhnlich prunkvoll gestaltet. Der Samsonumzug im südlich der Mur gelegenen Sankt Margarethen ist einer der bekanntesten; er findet jährlich am 20. Juli statt, dem Gedenktag der Geweihten Jungfrau Margareta von Antiochia. An der Straße im Ortsteil Pichlern lädt ein alter steinerner, schön verzierter »Troadkasten« (= Getreidespeicher) zu einem kurzen Stopp ein.

13

Im **Bundschuhbachtal** ganz im Süden des Lungaus liegt an der Straße das Hochofenmuseum Franzenshütte, untergebracht in der ehemaligen Schmelzanlage Bundschuh. Die Gebäude stammen aus der Zeit um das Jahr 1862. Die damals hochmoderne Technik bestand aus Röstofen, Gebläsehaus und anderen Gewerken; in diesen wurde Eisenerz zu Roheisen verhüttet. Vom 16. bis zum Beginn des 20. Jahrhunderts befand sich hier eines der größten Bergbaugebiete des Landes. Weiter oben im Tal an der Bundschuh Landesstraße gegenüber der Suppanhütte weist ein Schild zur »Heiligen Familie in der Zirbe«, ein Werk des Motorsägenschnitzers und Künstlers Ernst Adelsberger (Jahrgang 1958). Das Ensemble besteht aus der Kapelle mit den lebensgroßen Zirbenholz-Figuren der Heiligen Familie, der heiligen Barbara und des heiligen Leonhard. Man erreicht es nach wenigen Schritten versteckt im Wald.

◀ Schöner Getreidespeicher in Pichlern ▶ Heilige Familie in der Zirbe

13

LIEBENSWERTE MINI-METROPOLE

Der Hauptort **Tamsweg** mit seinen 5750 Einwohnern ist zwar Sitz der Lungauer Bezirkshauptmannschaft, erhielt aber nie die Stadtrechte. Sein mustergültig gepflegtes, historisches Zentrum stammt größtenteils aus der Zeit nach 1742 – Tamsweg brannte in diesem Jahr nieder. Der nahezu quadratische Marktplatz mit dem prächtigen Rathaus und seinen beiden Erkertürmen sowie die farbenfrohen Bürgerhäuser zeugen vom Wohlstand, den der Bergbau der Gegend bescherte. Auf dem Wochenmarkt am Freitag duftet es überall nach feinen Aromen: Die Angebotspalette der Direktvermarkter reicht etwa beim Obst von Äpfeln über Hollerbeeren und Paradeiser bis zu Zwetschken oder bei Edelbränden von Birne über Marille und Vogelbeere bis zum Zirbenschnaps. Auch alkoholfreie Bitterlimonade aus Enzian wurde schon gesichtet. Ziegenkäse zum Beispiel kann man auch an den anderen Wochentagen im Bauernladen am Marktplatz 7 erwerben. Von den Außentischen der Cafés und Traditionsgasthöfe lässt sich das bunte Treiben sehr gut beobachten.

Das Haus in der Kirchengasse 8 ist das ehemalige Schloss Kuenburg, das ursprünglich aus dem 16. Jahrhundert stammt und nach dem Brand wieder neu im Barockstil errichtet wurde. Heute finden darin Veranstaltungen statt. Bei der Kirchengasse 2 handelt es sich um das frühere Barbaraspital, das heute als Heimatmuseum und Aufbewahrungsort der gut sechs Meter hohen und 103,5 Kilogramm schweren Samsonfigur dient. Eine

◀ Mit Türmen geschmücktes Rathaus in Tamsweg ▶ Der Marktplatz bietet die gesamte Farbpalette.

Geschäfte, wie man sie fast nur noch in Österreich findet.

Sehenswürdigkeit ersten Ranges ist die Wallfahrtskirche Sankt Leonhard ob Tamsweg, die südlich der Stadt am Hang des Schwarzenbergs thront. Das Wohnmobil parkt auf einem Parkplatz gleich darunter. Der Legende nach geschahen an dieser Stelle 1421 wundersame Dinge: Aus der Pfarrkirche verschwand eine Leonhardistatue, die anderntags auf einem Wacholderstrauch wieder auftauchte. Man brachte sie zurück und sperrte sie in eine Truhe, sie verschwand aber wieder und wurde wiederum auf dem Strauch gefunden. Das Ganze wiederholte sich dreimal, sodass man sich entschloss, die Leonhardifigur dort zu belassen und an dieser Stelle eine Kapelle zu bauen. Bis heute steht die Figur auf dem Stumpf jenes Wacholderstamms, zu dem sie damals immer wieder zurückkehrte. Die Kapelle wurde schnell ein berühmter Wallfahrtsort, daher vergrößerte man sie, und schon 1433 wurde die neue Kirche eingeweiht. Der Flügelaltar von 1466 ist einer der größten im Land. Beim Türkeneinfall 1478 baute man einen Wehrgang. Der Turm der Kirche steht entgegen der Regel im Osten. Sehr schöne Malereien schmücken die gotischen Fenster. Das Goldene Fenster im Chor von 1433 zeigt unter anderem den Fürsterzbischof Johann von Reisberg (gest. 1441); es ist die älteste Darstellung eines Salzburger Fürsterzbischofs. Sehr empfehlenswert ist darüber hinaus eine Wanderung auf den Lasaberg. Vom Tamsweger Hausberg streift der Blick ein letztes Mal über dieses wunderbare Stück Erde; rund vier Stunden muss man für den Hin- und Rückweg einplanen.

AUF EINEN BLICK

Info

STADT/REGION: Lungau, südlichster Bezirk im Land Salzburg
BESTE REISEZEIT: Juni bis Oktober
OPTIMALE REISEDAUER: 4 Tage
TOURISTINFO: Tourismusverband Salzburger Lungau Katschberg, Raikaplatz 242, 5582 St. Michael im Lungau, Tel. +43/6477/89 13, salzburgerlungau.at

SEHENSWÜRDIGKEITEN

BURG MAUTERNDORF: Markt 27, 5570 Mauterndorf, Tel. +43/6472/74 26, salzburg-burgen.at
MUSEUM SCHLOSS MOOSHAM: Moosham 13, 5585 Unternberg, Tel. +43/6476/305, schlossmoosham.at
HOCHOFEN FRANZENSHÜTTE: Bundschuh 15, 5592 Thomatal, Tel. +43/6476/202 31, hochofen-bundschuh.at
LUNGAUER HEIMATMUSEUM: Kirchengasse 2, 5580 Tamsweg, Tel. +43/664/649 35 43, museumsportal.com

CAMPING MAUTERNDORF

ADRESSE: Ferienpark Schizentrum, Navi: Hammer 145, 5570 Mauterndorf, Tel. +43/6472/720 23, camping-mauterndorf.at
ANFAHRT: Aus Richtung Norden über die A 1 München–Salzburg, in Österreich auf der A 10 (Tauernautobahn) bis Ausfahrt St. Michael, dann 10 km Richtung Mauterndorf oder auf der B 99 von Radstadt über Obertauern
GPS: 47.1427797, 13.6655605

Sehr gepflegter, von waldreichen Bergen umrahmter Campingplatz – unmittelbar an der Talstation der Großeckbahn. Das Wiesenareal mit einzelnen Bäumen und Büschen erstreckt sich auf zwei Geländestufen zwischen der Bundesstraße mit Lärmschutzwand und dem Taurach-Wildbach. Im über 200 Jahre alten Haupthaus befinden sich sowohl die komfortablen sanitären Einrichtungen als auch der großzügig gestaltete Wellness-Bereich, ausgestattet unter anderem mit Dampfbad, Infrarot-Wärmekabine und Solarium. Es gibt auch

◀ Ein Herz für Wohnmobile ▲ Ganzjahresplatz Camping Mauterndorf
▼ Schloss Moosham aus der Ferne

verschiedene Massage-Angebote. Ins 1 km entfernte Mauterndorf führt ein Spazierweg am Fluss (nachts beleuchtet).

NATURCAMPING PETERBAUERNHOF

ADRESSE: Lasa 50, 5580 St. Andrä im Lungau, Tel. +43/664/512 83 19, naturcamping.at
ANFAHRT: Die A 10 (Tauernautobahn) an der Ausfahrt St. Michael verlassen, weiter über Mauterndorf in Richtung Tamsweg, dann Abzweigung nach Lindsching/St. Andrä, von da noch 1 km nach Lasa.
GPS: 47.1586, 13.78638
30, zum Teil gekieste Stellplätze auf einem Biobergbauernhof in 1203 m Höhe am Waldrand mit weitem Ausblick auf die Berge. Angeboten werden unter anderem Ponyreiten, Kutschenfahrten und Alpaka-Trekkingtouren. Zur Verfügung stehen 10 Stromanschlüsse, eine Eigenbau-Servicestation befindet sich ebenfalls am Platz. Im Sommer gibt es einen Brötchenservice. Die nächsten Einkaufsmöglichkeiten, Gaststätten und mehr liegen 6 km entfernt. In der Ferienzeit Anreise nur nach Voranmeldung!

ORTS- UND SACHREGISTER

CAMPING- UND STELLPLÄTZE

IMPRESSUM

Verantwortlich: Kerstin Thiele
Lektorat: Christian Schneider
Layout- und Umschlaggestaltung:
Helene Schumacher
Satz: Silke Schüler
Repro: LUDWIG:media
Kartografie: Huber Kartografie
Herstellung: Anna Katavic

Printed in Slovenia by Florjancic

Unser komplettes Programm finden Sie unter www.bruckmann.de

★★★★★

Sind Sie mit diesem Titel zufrieden? Dann würden wir uns über Ihre Weiterempfehlung freuen. Erzählen Sie es im Freundeskreis, berichten Sie Ihrem Buchhändler, oder bewerten Sie bei Onlinekauf. Und wenn Sie Kritik, Korrekturen, Aktualisierungen haben, freuen wir uns über Ihre Nachricht an Bruckmann Verlag, Postfach 40 02 09, D-80702 München oder per E-Mail an lektorat@verlagshaus.de.

Aus Gründen der besseren Lesbarkeit verwenden wir in diesem Buch das generische Maskulinum. Weibliche und anderweitige Geschlechter-Identitäten werden dabei ausdrücklich mitgemeint, soweit es für die Aussage erforderlich ist.

Bildnachweis: Alle Bilder im Innenteil und auf dem Umschlag stammen von Thomas Cernak; Illustrationen: Tiwat K/Shutterstock: passim

Umschlagvorderseite: Majestätisches Hochkönigmassiv
Umschlagrückseite: Top-Ausflugsziel Unterhof Alm in Filzmoos

Die Deutsche Nationalbibliothek verzeichnet diese Publikation in der Deutschen Nationalbibliografie; detaillierte bibliografische Daten sind im Internet über http://dnb.d-nb.de abrufbar.

ISBN 978-3-7343-2065-1